STEPHEN MITFORD GOODSON

HISTORIA DE LOS
BANCOS CENTRALES
y la esclavitud de la humanidad

ØMNIAVERITAS®

Stephen Mitford Goodson
(1948-2018)

Stephen Goodson fue un banquero, escritor y político sudafricano que lideró el Partido de la Abolición del Impuesto sobre la Renta y la Usura de Sudáfrica. Se presentó como candidato por el Partido Ubuntu en las elecciones generales de 2014.

Historia de la banca central y la esclavitud de la humanidad

A History of Central Banking and the Enslavement of Mankind

Black House Publishing Ltd - 2014

Traducido del inglés y publicado por
OMNIA VERITAS LTD

www.omnia-veritas.com

Este libro está dedicado a Knut Hamsun,
la luz y la esperanza de un orden mundial natural.

Y nunca entenderás la historia americana,
ni la historia de Occidente de los últimos 2000 años
a no ser que te fijes en uno o dos temas;
a saber, los paletos y el desgaste.
Uno o el otro o AMBOS. Yo diría que ambas cosas.

Ezra Pound

PRÓLOGO

El contenido de este libro es de tipo polémico y puede generar fuertes reacciones, por lo que no estoy de acuerdo con todas las opiniones expresadas en él.

¿Cómo es posible que un tema tan aparentemente árido como la historia de la banca central y del sistema monetario suscite tales reacciones? Uno se pregunta por qué algunos rechazarán este libro como si tuviera todas las características de una herejía, afirmando que Stephen Goodson se ha salido de los límites del debate histórico aceptable.

Goodson tiene las credenciales y la experiencia necesarias para presentar un tema que ha estudiado durante años y que ha experimentado de primera mano como director no ejecutivo del Banco Central de Sudáfrica.

No tengo la experiencia necesaria para confirmar las conclusiones de Goodson, pero soy consciente de que el nervio sobre el que presiona acerca del poder bancario y el sistema monetario generado por él, es un componente esencial de las diferencias inhumanas en la distribución de la riqueza dentro de un país, así como entre todos los países.

Es por ello que durante varios años mi partido y yo hemos defendido que Sudáfrica debe reformar su banco central y su sistema monetario, aunque ello suponga situar a nuestro país fuera de los injustos criterios mundiales.

Los libros de economía y banca suelen considerarse abstrusos. Sus lectores proceden principalmente del mundo académico y empresarial. Este libro es una notable excepción.

Este documento no sólo ofrece una amplia visión de la historia de la economía a lo largo de tres milenios, sino que también permite comprender cómo el problema de la usura ha permitido la esclavización gradual de la humanidad desde los orígenes de su existencia civilizada.

Algunos se escandalizarán al darse cuenta de que los Bancos Centrales de todo el mundo, incluido nuestro propio Banco de la Reserva de Sudáfrica, no sirven al interés público, sino que actúan en beneficio exclusivo de las instituciones bancarias privadas. Esto no sólo socava nuestra soberanía, sino que también nos priva de los medios para utilizar una moneda emitida públicamente y libre de deudas; por tanto, perteneciente al pueblo soberano como medio propio de intercambio de bienes y servicios.

En cambio, en nuestro país, como en muchos otros, dependemos del dinero privado producido a través de la deuda por el sector bancario privado. El cambio de los billetes de banco a los del gobierno permitiría a nuestro pueblo lograr una vida decente, próspera y sostenible. Pero una reforma tan sencilla sería una verdadera revolución, más difícil de lograr que cualquier otra reforma o cambio social hasta ahora.

Aunque Sudáfrica recuperó exteriormente los caminos de la libertad en 1994, internamente, con la excepción de una pequeña minoría de empresarios blancos y negros, la mayoría de la población no ha cosechado ningún beneficio ni prosperidad y, lo que es más importante, no ha alcanzado su potencial latente, principalmente a causa de nuestro defectuoso sistema monetario. Si queremos alcanzar la verdadera libertad, es imperativo que la reforma monetaria se emprenda con el mismo vigor e intensidad que se empleó para la reforma política durante los años de lucha. Pero esto requiere comprender el complejo problema de cómo se crea el dinero, quién lo posee y a qué intereses sirve.

En este libro, Goodson no sólo analiza varios intentos exitosos de diferentes Estados de prescindir del sistema bancario privado, sino que presenta un proyecto que aborda muchos de nuestros problemas sociales, como la falta de crecimiento económico, el elevado desempleo y el declive de los servicios públicos.

Aunque decididamente controvertido, este es un libro que invita a la reflexión y que los sudafricanos deberían leer como fuente de inspiración para la acción política.

En su discurso ante la Asociación de la Prensa Americana el 27 de abril de 1961, el presidente John F. Kennedy dijo: "Sin debate, sin crítica, ningún gobierno y ningún país pueden tener éxito, y ninguna república puede sobrevivir. Por ello, el legislador ateniense Solón tipificó como delito que un ciudadano rehuyera la polémica.

Diputado Prince Mangosuthu Buthelezi.
Presidente del Partido de la Libertad de Inkatha,
República de Sudáfrica.

26 de junio de 2013

INTRODUCCIÓN

La historia es la asignatura más importante de cualquier sistema educativo, superando en importancia a las ciencias y las humanidades. Dentro de su tejido, guarda la cultura, las tradiciones, las creencias, el ethos y la *razón de ser* necesarios para la continuidad de cada pueblo. Si la historia se ve comprometida por falsificaciones y omisiones, a menudo impuestas por personas ajenas a ella, entonces la civilización decae y acaba por derrumbarse, como podemos ver en la lenta desintegración de la civilización occidental desde 1945. George Orwell expresó un sentimiento similar en su *1984,* cuando escribió: "la forma más eficaz de destruir a un pueblo es negar y borrar su propia comprensión de la historia".

Winston Churchill dijo una vez que cuanto más se retrocede en la historia, más claras y evidentes se vuelven las cosas. Al emplear esta técnica, el autor espera que las dudas que el lector pueda tener sobre su análisis y exégesis de los acontecimientos de la historia moderna se disipen, si no se eliminan por completo.

Para que cualquier nación/estado/sociedad/comunidad conserve la plena soberanía de su independencia en el manejo de sus asuntos, el control absoluto sobre los medios que emplea para intercambiar bienes y servicios debe residir en los órganos que representan al pueblo, y nunca debe delegarse en individuos o grupos de interés privados.

A lo largo de la historia, los períodos en los que el Estado ha ejercido el control sobre la emisión de dinero siempre han sido sinónimo de una era de prosperidad, paz, enriquecimiento cultural, pleno empleo e inflación cero. Sin embargo, cuando los banqueros privados usurpan el control de la creación de dinero, los resultados inevitables son ciclos recurrentes de pobreza y prosperidad, desempleo, inflación galopante y un gigantesco y creciente proceso de transferencia de riqueza y poder político a las manos de la pequeña camarilla que controla este sistema monetario explotador.

En el pasado, cuando estos banqueros centrales se han enfrentado a la oposición de las naciones que buscan la restauración de un sistema monetario honesto, estos banqueros parasitarios han provocado invariablemente una guerra "patriótica" para derrotar a su tan denostado "enemigo". Este ha sido el hilo conductor de todas las guerras desde hace al menos 300 años.

Este libro ofrece una visión general de cómo los banqueros privados, desde los primeros tiempos, han abusado del sistema monetario, ya sean monedas de metales preciosos, billetes, cheques o dinero electrónico, creando deuda con intereses de la nada para arrogarse el máximo poder. También presenta un estudio de las sociedades y civilizaciones, tanto antiguas como modernas, que florecieron en un entorno libre de la carga de la usura.

La solución es sencilla y obvia. Si queremos recuperar nuestra libertad y conservar nuestra soberanía frente a la esclavitud impuesta por los banqueros privados, debemos desmantelar su sistema bancario de reserva fraccionaria y la red formada por los bancos centrales, de lo contrario nosotros mismos seremos destruidos y condenados al olvido.

Stephen Mitford Goodson, Junio de 2013.

CAPÍTULO I

CÓMO LA USURA DESTRUYÓ EL IMPERIO ROMANO

> *Siendo el dinero una cosa naturalmente estéril, el hecho de hacerlo crecer a partir de sí mismo es un absurdo y una perversión de su función original, que es servir para el intercambio y no para el aumento... Hay que odiar a los hombres que se llaman banqueros, porque se enriquecen sin hacer nada.*
>
> - Aristóteles, *La Política*

L os sistemas monetarios de la época romana (753 a.C. - 565 a.C.) pueden dividirse en tres períodos distintos, en los que se utilizaban unidades de medida de tres metales diferentes como medio de intercambio de bienes y servicios. Aunque existen pruebas de que la ocupación humana moderna (*Homo sapiens sapiens*) en el emplazamiento de Roma se remonta a 14.000 años (los neandertales vivieron allí durante 140.000 años), tradicionalmente se sabe que Roma como ciudad fue fundada por Rómulo y Remo en el año 753 a.C. en las inmediaciones del monte Palatino, región también conocida como Lacio. Según la leyenda, Rómulo (que mató a su hermano Remo) se convirtió en su primer gobernante, pero más tarde compartió su trono con Tito Tatio, el gobernante de los sabinos.

Hacia el año 600 a.C., el Lacio pasó a estar bajo el control de los etruscos. Este gobierno duró hasta que el último rey, Tarquino el Soberbio, fue expulsado en el 509 a.C. y se estableció la República Romana. Los etruscos, un pueblo de origen ario, crearon una de las civilizaciones más avanzadas de la época y construyeron carreteras, templos y muchos edificios públicos en Roma.

La primera moneda utilizada en Roma fue el ganado. No se trataba de dinero real, sino de un sistema de trueque. Muchos pueblos primitivos utilizaban el ganado como medio de intercambio. Según la leyenda de Hércules y los establos de Augías, el ganado que allí se guardaba, más de 1000 cabezas, representaba el tesoro del rey Augías.

La edad del cobre (753-267 a. c.)

Con el tiempo, los romanos adoptaron la práctica de utilizar bloques irregulares de cobre o bronce en lugar de ganado. Estos bloques se denominaban *aes rude* (metal en bruto) y debían pesarse para cada transacción.

Al aumentar el comercio, Roma se convirtió en una de las ciudades más prósperas del mundo antiguo. Esta prosperidad se basaba en el cobre sin monetizar y, posteriormente, en el bronce, cuyo valor se medía por peso según un sistema de unidades fijo. Eran emitidos por el Tesoro romano en forma de lingotes de 1,6 kg con la plena garantía del Estado y se denominaban *aes signatum* (metal estampado), ya que llevaban un sello del gobierno con la representación de una vaca, un águila, un elefante u otra imagen. A veces se hacían en forma de concha de vieira. En el año 289 a.C., estos lingotes fueron sustituidos por monedas de bronce discoideas denominadas *aes grave* (metal pesado). Representaban el lema nacional "fueron puestos en circulación por el Estado y cada uno, raro o no, poseía sólo el valor del símbolo bajo el que estaba registrado".[1] Así pues, esta moneda se basaba en la ley y no en su contenido metálico (aunque este contenido estaba normalizado, y las propias monedas tenían un valor intrínseco, a diferencia de la mayoría de las monedas actuales). Esto puede considerarse un ejemplo temprano del uso exitoso del dinero fiduciario.

Aunque el dinero fiduciario es muy criticado en algunos sectores, por ejemplo por los seguidores del economista austriaco Ludwig Von Mises,[2] no es un problema mientras lo emita el gobierno y no los banqueros privados, y quede protegido de la falsificación. En cambio, el dinero no fiduciario tiene la desventaja de que quienes fijan los precios del oro y la plata, es decir, los banqueros privados, pueden controlar la economía de la nación.

Monedas romanas de bronce *Aes Grave* -241-235 a.C.

---

[1] David Astle, *The Babylonian Woe,* Omnia Veritas Ltd, 2015. Este sistema tiene muchas similitudes con el de los *pelonors* o lingotes de hierro, que fueron utilizados por los espartanos como base de su sistema monetario.

[2] Ludwig Von Mises (1881-1973) fue un líder de la escuela austriaca de economía y un firme defensor del patrón oro.

Hasta el año 300 a.C. se produjo un aumento sin precedentes de la riqueza privada y pública de los romanos. Esto se puede medir por la ganancia territorial. Tras el final de la Segunda Guerra Latina en el 338 a.C. y la derrota de los etruscos, la República Romana aumentó su superficie de 5.525 km2 a 26.805 km2, es decir, el 20% de la península italiana. Junto con esta expansión territorial, la población pasó de unos 750.000 habitantes a un millón, con 150.000 personas viviendo en la propia Roma.

Se formó una asociación entre el Senado y el pueblo conocida como el *Senatus Populusque Romanus* (SPQR, el Senado y el Pueblo de Roma). Los dirigentes políticos tenían fama de frugales y honrados. Los medios de cambio estaban estrictamente regulados en función del aumento de la población y del comercio, por lo que no había inflación.

El *nexum*, la servidumbre por deudas, en la que un hombre libre ofrecía sus servicios como garantía de un préstamo más intereses y, en caso de impago, la deuda debía ser honrada en forma de trabajo, fue abolida tras la agitación plebeya por la *lex Poetilia* [3] en el 326 a.C.

La Edad de Plata (267-27 A.C.)

El sistema monetario tradicional fue destruido en el 267 a.C. cuando la élite patricia obtuvo el privilegio de acuñar monedas de plata. Este cambio fue simbolizado

---

[3] Para una acusación implacable de los efectos nocivos de la usura sobre la población antes de la promulgación de la *lex Poetilia*, véase Titus Live, *The History of Rome*, Book II, English translation, William Heinemann Ltd, London, 1919.

por un patricio que acudió al templo de Juno Moneta (del que deriva el término acuñación), para convertir una bolsa llena de *denarios* de plata en cinco veces su valor original, simplemente acuñando las monedas con un nuevo valor. Así, se embolsó una diferencia muy importante para su propia cuenta.

La primera moneda romana de plata se denominó *dracma* y se basó en una moneda utilizada en el sur de la península griega. Posteriormente fue sustituido por una versión más pequeña y ligera, el *denario*. También había un medio *denario*, llamado *quinarius*, y un cuarto de unidad, llamado *sestercio*. Este sistema fue sustituido posteriormente por el *victoriatus, que* era algo más ligero que el *denario* y probablemente se creó para facilitar el comercio entre Roma y sus vecinos griegos.

En la península itálica había muy poca plata, por lo que el ejército romano tuvo que expandirse para conquistar otros territorios que tenían plata. Los campesinos romanos, que habían proporcionado a la República la autosuficiencia alimentaria, fueron reclutados en el ejército en gran número. La producción agrícola, sobre todo de maíz, disminuyó y las explotaciones campesinas fueron sustituidas por *latifundios, que* eran grandes fincas mantenidas por esclavos. También había que importar trigo del norte de África.

Moneda de plata del *denario de la* República Romana, con (izquierda) la diosa Juno Moneta y (derecha) un boxeador victorioso.

Las tensiones en los acuerdos para conceder la ciudadanía y la emancipación entre Roma y sus aliados itálicos condujeron a la Guerra de Marte (90-89 a.C.). Esta falta de emancipación había conducido a la fragmentación de la sociedad romana y a la alienación de los ciudadanos de la clase trabajadora, que eran tratados como ganado y, por tanto, no tenían ninguna responsabilidad ni compromiso con el Estado. Hasta la Segunda Guerra Púnica (-218 -201 a.C.) no se les permitió servir en el ejército. Aquí tenemos el clásico ejemplo de una sociedad monetarizada. La República se debilitó y el despotismo aumentó. La piratería se había convertido en un gran problema, con asaltos a las costas, saqueos de villas y secuestros de viajeros. La violencia se hizo endémica y gánsteres y terroristas actuaron en Roma, ya que no había una fuerza policial que mantuviera la ley y el orden. Estas son las consecuencias inevitables de una sociedad en la que el dinero se ha convertido en la máxima ética.

Las intrigas políticas también abundaban en la élite. Las privaciones económicas provocaron el descontento de los pobres, que cada vez eran más esclavos del norte de África, lo que provocó revueltas sociales. Esto culminó con la revuelta liderada por Espartaco entre el 73 y el 71 a.C. (la primera y la segunda revuelta tuvieron lugar en el 135 y 132 a.C. y en el 104-100 a.C.).

El papel de los judíos en el colapso

Los primeros judíos conocidos que llegaron a Roma en el año 161 a.C. fueron Yehuda y Maccabees. Estos judíos romanos trabajaban como artesanos, comerciantes y vendedores ambulantes. También practicaban el préstamo de dinero. Vivían en comunidades separadas en barrios específicos. Se gobernaban según sus propias leyes y estaban exentos del servicio militar.

En el año 139 a.C. los que no eran ciudadanos romanos fueron expulsados por el pretor Hispano por hacer proselitismo, pero pronto volvieron. En el año 19 d.C., mediante un *senatus consultum*, el emperador Tiberio expulsó a 4.000 judíos que se habían visto envueltos en diversos escándalos, pero ninguna de estas expulsiones se llevó a cabo correctamente y su presencia continuada, especialmente como usureros, iba a desempeñar un papel importante en la decadencia y el colapso del Imperio Romano.

Expulsión de los judíos de Roma por el emperador Adriano en el año 35 d.C., tal y como se representa en un manuscrito del siglo XV en la Biblioteca del Arsenal de París.

Julio César

Julio César (100-44 a.C.) nació en el seno de una familia aristocrática el 12 de julio del año 100 a.C. Era alto, de piel blanca y trabajó brevemente como abogado antes de convertirse en un brillante comandante militar que conquistó la Galia (Francia) entre el 59 y el 52 a.C. Tras derrotar a Pompeyo el Grande en el 48 a.C. en Farsalia, César se convirtió en el líder indiscutible de la República Romana. A su regreso a Italia, en septiembre del 45 a.C., César encontró las calles y ciudades enteras llenas de personas sin hogar que habían sido desalojadas de sus casas y tierras por usureros y monopolistas. 300.000 personas tenían que ser alimentadas diariamente en el granero público. La usura, con todas sus desastrosas consecuencias, estaba floreciendo. [4]

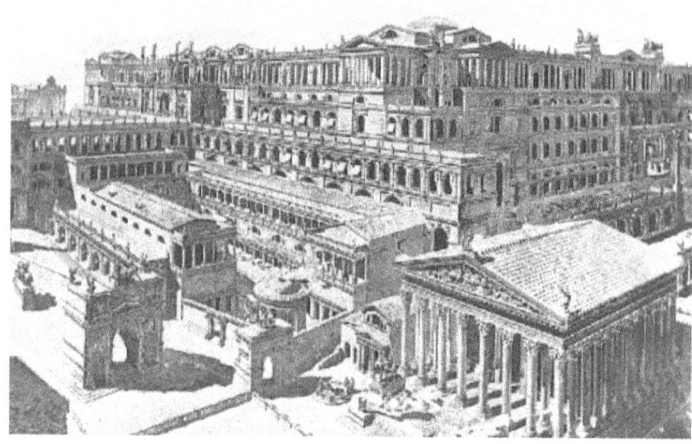

El Foro Romano fue encargado por Julio César en el año 54 a.C. y dedicado a él en el 46 a.C. Fue el centro de la Antigua Roma donde César encontró su desafortunado final el 15 de marzo del 44 a.C.

Los principales usureros, en su mayoría judíos[5],

[4] "La democracia imperial que tenía al mundo entero bajo su dominio, desde los senadores de nombres ilustres hasta el más humilde agricultor, desde Julio César hasta el más humilde tendero de las callejuelas de Roma, todos estaban a merced de un pequeño grupo de usureros." Citado en G. Ferrero, *Greatness and Decline of the Roman Empire*, Vol. vi, William Heinemann Ltd, Londres, 1908, p. 223.

[5] Cicerón, Marco Tulio: "¡Tranquilo! ¡Tranquilo! No quiero que nadie más que los jueces me escuchen. Los judíos ya me han causado suficientes problemas, como a tantos hombres. No tengo intención de darles más problemas. Citado en W. Grimstad, *Antizion*, Noontide Press, Torrance, California, 1985, 29. Cicerón fue el abogado defensor en el juicio de Flaccus, un funcionario romano que había interferido en los envíos de oro que los judíos trasladaban a su sede internacional situada (entonces como ahora) en Jerusalén. El propio Cicerón no era cualquiera, y que alguien de su talla tuviera que

cobraban intereses de hasta el 48% anual. Como señaló el filósofo Séneca (4 a.C. - 65 d.C.) en *De Superstitione*: "Las costumbres de esta nación criminal han adquirido tal poder que ahora han sido recibidas en todas las tierras. Los conquistados hacen la ley a los conquistadores".

En aquella época había dos partidos políticos principales: los *Optimates*, reunidos en torno a la nobleza, el Senado y el reducido número de privilegiados, y los *Populares*, que representaban a los ciudadanos de a pie. César asumió inmediatamente el liderazgo de esta última.

César comprendía perfectamente los males de la usura y conocía los medios para contrarrestarla. "Comprendió la profunda verdad de que el dinero es un agente nacional, creado por ley para un propósito nacional, y que no se debe permitir que ninguna congregación de hombres lo saque de circulación para provocar pánicos, de modo que los especuladores puedan aumentar sus tasas de interés, o puedan comprar propiedades a precios de derribo después de esos tiempos de crisis."[6]

Introdujo las siguientes reformas sociales:

1) El reembolso de los préstamos inmobiliarios se hizo sobre la base de la valoración más baja conocida antes de la guerra civil. (49-45 A.C.)

2) Se concedieron varias amnistías sobre el pago de

"hablar en voz baja" demuestra que estaba en presencia de una esfera de influencia poderosamente peligrosa. En ese caso, uno se pregunta quiénes fueron los verdaderos perseguidores.

[6] T. E. Watson, *Sketches from Roman History*, The Barnes Review, Washington, DC, 2011 (publicado por primera vez en 1908), pp. 84-85.

las rentas.

3) Un gran número de ciudadanos pobres y veteranos recibieron parcelas.

4) Se proporcionó vivienda gratuita a 80.000 familias pobres.

5) El salario de los soldados se incrementó de 123 a 225 *denarios.*

6) El impuesto sobre el maíz estaba regulado.

7) Las comunidades provinciales se emancipan.

8) La confusión sobre el calendario se resolvió fijando su duración en 3651/4 días a partir [del 1] de enero del año 44 a.C.

Sus reformas monetarias fueron las siguientes:

1) La deuda del Estado se redujo inmediatamente en un 25%.

2) El control de la acuñación de monedas se transfirió de los patricios (usureros) al gobierno.

3) Las monedas de bajo valor se emitían como medio de intercambio.

4) Se decretó que los intereses no podían superar el 1% mensual.

5) Se decretó que no se podían cobrar intereses sobre otros intereses y que el total de los intereses acumulados nunca podía superar el importe del capital prestado originalmente. (la regla *in duplum*)

6) Se abolió la esclavitud como medio de pago de las deudas.

7) Los aristócratas se vieron obligados a utilizar su capital en lugar de atesorarlo.

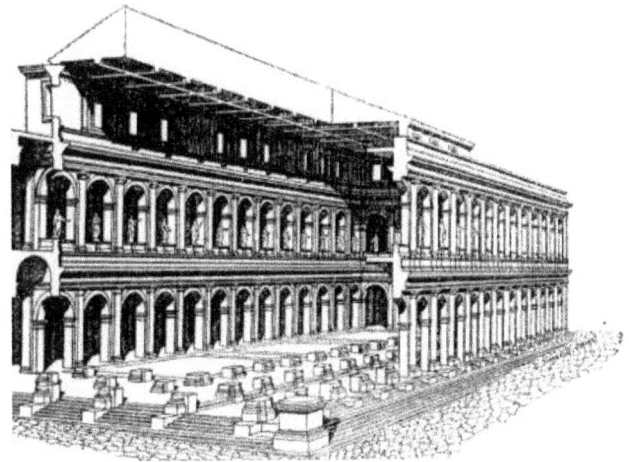

La Basílica Julia era el palacio de justicia romano en el Foro que se dedicó a Julio César en el año 46 a.C.

Estas medidas enfurecieron a los aristócratas y plutócratas, cuyo "sustento" fue severamente restringido. Así que conspiraron para hacer asesinar a César, el héroe del pueblo. Aquella fatídica mañana del 15 de marzo del 44 a.C., apenas cuatro años después de haber sido investido con plenos poderes, entró en el edificio del Senado desarmado, tras prescindir de la guardia militar con la que habitualmente se rodeaba. Rodeado por 60 conspiradores, fue apuñalado hasta la muerte 23 veces.

La Edad de Oro (27 a.C. a 476 d.C.)

En el año 27 a.C., poco después de la muerte de César (y de su deificación), los romanos adoptaron el patrón oro, una decisión que iba a repercutir en la estabilidad financiera del imperio y contribuir directamente a su ruina. Anteriormente, durante la época de la República Romana, sólo se emitían monedas de oro cuando era estrictamente necesario, como durante la Segunda Guerra Púnica o la campaña de Sylla. Había pocas minas de oro en Europa, excepto en lugares remotos como Gales, Transilvania y España. Por lo tanto, la mayor parte del suministro sólo podía asegurarse desde el Este. Esto requería un ejército grande y costoso, que participaba en constantes conflictos en las fronteras del imperio.

La moneda de oro se llamaba *aureus*. El *denario* de plata también estaba en circulación, así como varias monedas de cobre: el *sestercio*, el dupondius y el *as*.

La escasez de oro o de dinero de mercado provocaba con frecuencia períodos de deflación debido a la falta de circulación de los medios de cambio. En el año 13 a.C. se decidió reducir el peso del *denario de* oro de 122 a 72 granos. Esto siguió siendo la norma hasta el año 310 d.C. Sin embargo, los metales siguieron filtrándose a Oriente en pago de artículos de lujo, cuotas religiosas y reembolsos usureros. Además, la degradación debida al uso intensivo provocó la pérdida de un tercio de todas las monedas metálicas en circulación en un periodo de 100 años.

Como el oro era tratado como una mercancía, no se toleraba su devaluación. El emperador Constantino (275 - 337 d.C.) decretó personalmente la pena de muerte por falsificación y la quema en la hoguera para los explotadores de minas culpables de falsificación. Los cambistas que no denunciaban un besant (*solidus) de* oro falso eran inmediatamente azotados, esclavizados y exiliados. Estas medidas fueron efectivas para el besant, que pesaba 70 granos, ligeramente más pesado que el besant que seguía en circulación en 1025, que pesaba 68 granos.

En el año 313 el cristianismo fue tolerado por el Edicto de Milán, y a partir del 380 fue establecido como religión oficial por el emperador Teodosio I (347 - 395 d.C.). Uno de los atributos de la época imperial fue la injusticia social y el aplastamiento de la clase media bajo una fiscalidad excesiva. El empresario romano no era un comerciante, sino un saqueador de las provincias, ya que la patria tenía una base industrial débil, incapaz de producir las manufacturas necesarias. Al continuar la monetización de la sociedad, con los ricos parasitando al pueblo, el plebeyo se convirtió en una especie de esclavo. La abolición del sistema de jurados fue un síntoma de la decadencia del respeto y la importancia concedida al hombre común en la sociedad romana.

Moneda de oro acuñada por el emperador Alejandro Severo 222-235 d.C.

El papel de la Iglesia en el declive y la caída

El impuesto decretado por el emperador Constantino, según el cual una décima parte de todos los ingresos debía ser diezmada a la iglesia cristiana, aceleró la destrucción del imperio. Con el tiempo, la Iglesia llegó a poseer entre un tercio y la mitad de toda la tierra y la riqueza juntas. Esta concentración de la riqueza condujo a una escasez de moneda metálica. El dinero existía, pero no se utilizaba para la distribución o circulación de bienes y servicios. En lugar de reciclar el producto del diezmo a través de inversiones comunitarias u obras de caridad como la construcción de hospitales, escuelas y bibliotecas, se concentraron vastos depósitos de oro detrás de las gruesas murallas (30,5 metros) de la ciudad amurallada de Constantinopla y del Vaticano en Roma.

En sus últimos años de los siglos V y VI, el Imperio Romano se había convertido en un organismo parasitario, sometido a fases alternas de inflación y deflación. Su ruina económica precedió a su colapso político. Ya no había producción industrial, casi todos los alimentos tenían que ser importados y la usura se practicaba a una escala sin precedentes. La riqueza del imperio, que no estaba en manos de la Iglesia, estaba controlada por 2000 familias romanas. El resto de la población vivía en la pobreza.

Las consecuencias

La implosión de la mitad occidental del imperio en 476, tras las repetidas incursiones de godos y vándalos, desencadenó una Edad Oscura. Se produjo una crisis deflacionaria de varios siglos. Según la Comisión de la Plata de los Estados Unidos de 1876, el valor de la moneda metálica del Imperio Romano en el apogeo de su poder era de 1.800 millones de dólares, pero al final de la Edad Media era de sólo 200 millones. La producción agrícola se había reducido a la mera subsistencia. Los barcos desaparecieron porque ya no había comercio. El comercio se estancó. Se perdieron las artes y las ciencias y desapareció el dominio del cemento de construcción.

Los principales factores de la decadencia del Imperio

Romano fueron la concentración de la riqueza[7], la falta de cuencas mineras para la producción industrial y la importación masiva de esclavos no blancos que condujo a la degradación genética de la nación. Durante el siglo IV, debido a la disminución de la fertilidad de las mujeres romanas, los esclavos superaban en número a los ciudadanos en una proporción de cinco a uno. La razón económica más importante fue la falta de disponibilidad de una moneda asequible y la falsa noción de que el dinero era una mercancía.

Así, desde el punto de vista económico, las lecciones de la caída de Roma son que un sistema económico deshonesto contribuirá inevitablemente a las fuerzas de la disolución. Ninguna sociedad puede sobrevivir a un sistema económico injusto. Para que una sociedad funcione y prospere, es absolutamente fundamental que los medios de cambio sean emitidos sin deuda y sin intereses por la autoridad legal del Estado como representante perpetuo del pueblo.

---

[7] "Cuando el gobierno del antiguo Egipto se derrumbó, el 4% de la población tenía toda la riqueza. Cuando la civilización babilónica se derrumbó, el 3% de la población tenía toda la riqueza. Cuando la antigua Persia fue destruida, el 2% de la población tenía toda la riqueza. Cuando la antigua Grecia cayó en la ruina, la mitad del 1% de la población tenía toda la riqueza. Cuando el Imperio Romano se derrumbó, dos mil personas tenían toda la riqueza del mundo civilizado. Luego siguió la Edad Media, de la que el mundo sólo salió cuando la riqueza dejó de estar tan concentrada. Hoy, menos del 1% de la población controla el 90% de la riqueza de Estados Unidos. - Citado por R. Maguire, en "Money Made Mysterious", revista American Mercury, Nueva York, 1958, 98. (*American Mercury* fue fundada por H. L. Mencken en 1924.

CAPÍTULO II

LOS ORÍGENES SECRETOS DEL BANCO DE INGLATERRA

... todos los grandes acontecimientos han sido distorsionados, la mayoría de las causas importantes han sido ocultadas... Si la historia de Inglaterra es escrita alguna vez por alguien con el conocimiento y el coraje necesarios, el mundo quedará atónito.
- Benjamin Disraeli, Primer Ministro de Gran Bretaña.

La vieja Inglaterra

El rey Offa gobernó el Reino de Mercy[8], que estaba delimitado por los ríos Trent y Mersey al norte, el valle del Támesis al sur, Gales al oeste y Anglia Oriental y Essex al este, desde el año 757 hasta el 791 d.C.

Offa fue un administrador sabio y capaz y un líder magnánimo. Estableció el primer sistema monetario en Inglaterra. Debido a la escasez de oro, utilizó el metal de plata para acuñar moneda y como medio de almacenamiento de la riqueza. La unidad de cambio estándar era la libra de plata dividida en 240 peniques. Los peniques se estampaban con una estrella (del inglés antiguo *stearra*), de la que deriva el término sterling. En el año 787, el rey Offa introdujo un estatuto que prohibía la usura, es decir, el cobro de intereses sobre el dinero prestado, un concepto que se remontaba a los tiempos

---

[8] Latinización de Mierce.

paganos. Las leyes contra la usura fueron reforzadas por el rey Alfredo (865-899), que decretó la confiscación de los bienes de los usureros, mientras que en 1050 Eduardo el Confesor (1042-1066) decretó no sólo la confiscación de sus bienes, sino la proscripción de los usureros y su destierro de por vida.

Primera migración y expulsión de los judíos

Los judíos llegaron a Inglaterra en 1066, en vísperas de la victoria de Guillermo el Conquistador sobre el rey Harold II en Hastings el 14 de octubre. Estos judíos procedían de Ruán, a 120 kilómetros de los acantilados de Normandía, donde Guillermo el Conquistador había nacido ilegítimamente, como Guillermo el Bastardo. Aunque el registro histórico no indica que hayan promovido la idea de una invasión militar de Inglaterra, estos judíos al menos la habían financiado. Por este apoyo fueron ricamente recompensados al permitírseles practicar la usura bajo la protección real. [9]

Las consecuencias para el pueblo inglés fueron desastrosas. Al cobrar un tipo de interés del 33% anual sobre las tierras hipotecadas a los nobles y del 300% anual sobre las propiedades comerciales o las fincas de los trabajadores, en dos generaciones una cuarta parte de toda la tierra inglesa estaba en manos de usureros judíos. A su muerte, en 1186, Aarón de Lincoln fue declarado el hombre más rico de Inglaterra y se calcula que su fortuna

---

[9] S. M. Goodson, In praise of Medevial England, *Spearhead*, julio de 2005.

superaba la del rey Enrique II.[10] Por otro lado, los inmigrantes judíos trabajaron para socavar la ética de los gremios y enfurecieron a los comerciantes ingleses al vender una gran variedad de productos bajo un mismo techo. También desempeñaban un papel destacado en el corte de la moneda de plata y su refundición en lingotes para su chapado en estaño.

El Dr. William Cunningham, el famoso economista, compara "la actividad de los judíos en Inglaterra desde el siglo XI con una esponja que absorbe toda la riqueza de la tierra y, por tanto, obstaculiza todo el desarrollo económico". También es interesante señalar que, incluso en aquellos remotos días, el gobierno hizo todo lo posible para inducir a los judíos a dedicarse al comercio honesto y, por tanto, a asimilarse con el resto de la población, pero todo ello sin el menor resultado positivo. [11]

A principios del siglo XIII, muchos nobles corrían el riesgo de perder sus tierras por culpa de la usura y los impuestos. En 1207 se recaudó una enorme suma de 60.000 libras en impuestos de la población cristiana. Los judíos también pagaban impuestos, pero a un tipo reducido y sobre una riqueza e ingresos muy subestimados. [12]Los nobles que pedían préstamos a los usureros judíos, así como al rey y a sus agentes, estaban obligados a inscribir sus hipotecas en los Registros del

---

[10] R. Chazan, *The Jews of Medieval Western Christendom 1000-1500,* Cambridge University Press, Nueva York, 2006, p. 159.

[11] W. Cunningham, *The Growth of English Industry and Commerce during the Early and Middle Ages,* Cambridge University Press, 3ª edición, 1896, p.201.

[12] Origen de la Carta Magna, *El Observador de Occidente,* 19 de mayo de 2013.

Tesoro. En cuanto un noble tenía dificultades financieras, el rey compraba la deuda al prestamista y se quedaba con las tierras. El rey Juan (1199-1216) fue "completamente irresponsable" al practicar esta política deshonesta y depravada, y además era "libertino, incompetente y estaba totalmente bajo el control de sus judíos."[13]

El rey Juan de Inglaterra firma la Carta Magna en Runnymede en 1215.

En 1215 los nobles se rebelaron y obligaron al rey Juan a firmar la Carta Magna el 15 de junio de 1215. Este documento contiene 61 cláusulas relacionadas con el establecimiento de diversos derechos constitucionales y legales, pero su principal objetivo era anular el yugo de los prestamistas judíos y abolir la usura y la posición privilegiada de los judíos. El 19 de octubre de 1216 murió el rey Juan y le sucedió su hijo Enrique III, de nueve años, que reinó de 1219 a 1272. Su reinado fue más auspicioso que el de su padre y 19 de las cláusulas relativas a los judíos fueron derogadas al año siguiente.

---

[13] Ibid.

Sin embargo, su heredero Eduardo I (1272-1307) pronto se dio cuenta de que los judíos no tenían cabida en la sociedad inglesa[14] y que si no tomaba medidas correría el riesgo de perder el trono. En 1233 y 1275 se promulgaron los Estatutos de la Judería que abolían toda forma de usura. Como muchos de estos judíos ya no podían "ganarse la vida", el 18 de julio de 1290 el rey Eduardo promulgó un decreto que obligaba a toda la población judía de 16.511 personas a abandonar

---

[14] El asesinato ritual de niños cristianos preadolescentes fue el umbral crítico que condujo a la expulsión de los judíos. En la Pascua, un niño fue capturado y murió desangrado. Su sangre se mezclaba con masa sin levadura, se horneaba y luego se comía como galletas rabínicas. El primer caso conocido ocurrió en 1144 y el más famoso de todos fue el de Little St Hugh en Lincoln en 1255. El rey Enrique III ordenó personalmente una investigación judicial, que incluyó un examen forense por parte de los jueces. 91 judíos fueron arrestados por su participación en este espantoso asesinato, en el que la víctima fue torturada, crucificada, desangrada y arrojada a un pozo. Los detalles del juicio están registrados en los Close Rolls of the Realm y Patent Rolls en los Archivos Nacionales sobre Enrique III en Kew, Richmond, Surrey, TW9 4DU. Geoffrey Chaucer escribió un poema que conmemora el asesinato del pequeño Hugh en El cuento de la abadesa, que forma parte de los *Cuentos de Canterbury*. Los hermanos Grimm escribieron *"Der Judenstein"* (La piedra de los judíos) sobre el asesinato ritual del niño de tres años Andreas (Anderl) Oxner en Rinn, Austria, en 1492. En *My Irrelevant Defence: Meditations Inside Gaol and Out on Jewish Ritual Murder,* The I.F.L. Printing and Publishing Co, Londres, 1938, p. 57, Arnold Leese explica que estos asesinatos rituales se seguían practicando en el siglo XX. En febrero de 2007, el profesor israelí Ariel Toaff, hijo de Elio Toaff, antiguo rabino jefe de Roma, escribió *Pasque di sangue: Ebrei d'Europa e omicidi rituali* (*Pascua de sangre: los judíos de Europa y sus asesinatos rituales*) en el que confirma la frecuencia de los asesinatos rituales en la Italia medieval. Para un análisis de su obra, véase *The Bloody Passovers of Dr. Toaff,* de Israel Shamir www.israelshamir.net/English/Eng11.htm

Inglaterra para siempre. Esta fue [15]una de las más de cien expulsiones que tuvieron lugar a lo largo de la historia europea. El anuncio fue recibido con gran alegría en todo el país. A diferencia de la práctica moderna de la limpieza étnica, los judíos, tras pagar un impuesto equivalente a 1/15 del valor de sus propiedades y 1/10 de su dinero en efectivo, podían marcharse con todas sus posesiones. Cualquier judío que permaneciera en el reino después del 1 de noviembre de 1290 (Día de Todos los Santos), corría el riesgo de ser ejecutado.

La gloriosa Edad Media

Con la prohibición de los prestamistas y la abolición de la usura,[16] los impuestos se redujeron a un nivel moderado y dejó de haber deuda pública, ya que la vara de contar sin intereses[17] se utilizó para los gastos del gobierno. Este antiguo instrumento financiero, conocido por los sarracenos y probablemente también por los chinos, proviene de la palabra latina *tallia*, que significa palo. La vara de contar se hacía con la rama del avellano, el sauce o el boj, porque estas maderas se compartían fácilmente. Suelen medir 20,3 cm de largo (la distancia entre el dedo índice y el pulgar) y 1,3 cm de ancho, aunque pueden llegar a medir 2,44 m. Los valores se

---

[15] D. Astle, *The Tallies, A Tangled Tale and The Beginning and the Ending*, autoeditado en Toronto, 1997, pp. 40 y 43. Astle explica que algunos de estos judíos se establecieron en Suiza y crearon los tres cantones originales de Uri, Schwyz y Ob, y Niwalden un año después.

[16] En 1364 Eduardo III autorizó a la ciudad de Londres a emitir una *Ordinatio contro Usurarios* y en 1390 se aprobó otra ley.

[17] D. Astle, op. cit. pp. 12-17.

indicaban por el tamaño de los cortes realizados en la madera. 1.000 libras se marcaban con un corte del ancho de la palma de la mano, 100 libras con el ancho del dedo meñique, 1 libra con el de un grano de cebada hinchado, los chelines se marcaban con cortes aún más pequeños y los peniques se indicaban con incisiones. El beneficiario se registraba en las caras planas. Cuando se han marcado todos los detalles en el palo, se divide cerca de la parte inferior, de modo que una parte conserva un nudo o una marca en la que se puede perforar un agujero. Este se conocía como contrapunto o recibo y se guardaba en una varilla en el Exchequer (la Cámara de Cuentas). La tira plana (sin el muñón) se entregó al receptor. Como no hay dos piezas de madera iguales, era imposible falsificar una vara de contar. Estos instrumentos de pago se introdujeron por primera vez durante el reinado de Enrique II (1100-1135) y estuvieron en circulación hasta 1783. [18]Sin embargo, fue durante el periodo 1290-1485 cuando los palos alcanzaron su punto álgido como principal medio de financiación del Estado. Los palos se utilizaban no sólo para pagar a los empleados del Estado, sino también para financiar grandes infraestructuras, como la construcción de la muralla de la ciudad de Londres, los edificios públicos y los puertos. No se conoce la cantidad exacta de palos en circulación, pero en 1694 todavía circulaban 17 millones de libras. Se

---

[18] En un acto de suprema ironía, el 16 de octubre de 1834 se utilizaron montones de palos de contar rotos para calentar la Cámara de los Comunes. El fuego resultante fue tan potente que se volvió incontrolable y arrasó todo el complejo, a excepción de Westminster Hall y el Claustro de San Esteban. Cuando se reconstruyó la Cámara de los Comunes, el suelo de mosaico de la entrada se diseñó con la forma de una gigantesca estrella de David (probablemente por influencia de Rothschild).

trataba de una suma prodigiosa, ya que el presupuesto anual del Rey rara vez superaba los 2,5 millones de libras y un agricultor ganaba un céntimo al día.

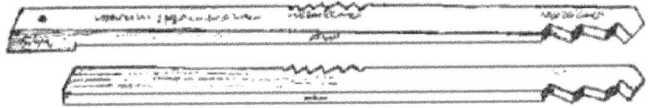

Palos de contabilidad medievales del siglo XV

Con un tipo impositivo razonable,[19] sin deuda pública y sin intereses que pagar, Inglaterra disfrutó de un período de crecimiento y prosperidad sin precedentes. El agricultor medio sólo trabajaba 14 semanas al año y disfrutaba de 160 a 180 días de vacaciones. Según Lord Leverhulme, [20]un escritor de la época: "Los hombres del siglo XV estaban muy bien pagados", de hecho tan bien pagados que el poder adquisitivo garantizado por sus salarios y su nivel de vida no sería superado hasta el siglo XIX. Un agricultor podía proveer el bienestar y todas las necesidades de su familia. Los campesinos iban bien vestidos con ropa de lana y tenían mucha carne y pan.

---

[19] G. M. Trevelyan, en su *English Social History, A Survey of Six Centuries Chaucer to Queen Victoria*, Longmans Green and Co. Londres, 1948, escribe que Inglaterra: "era una tierra en la que la gente no sufría los impuestos", p. 63, y que: "la obstinación en no pagar impuestos era una característica de los ingleses de la época", p. 107.

[20] R. K. Hoskins, *War Cycles - Peace Cycles*, The Virginian Publishing Company, Lynchburg, Virginia, 1985, p. 54.

Como los campesinos sólo debían trabajar 14 semanas al año, muchos de ellos utilizaban su tiempo libre para construir las magníficas catedrales de Inglaterra. La catedral de York se terminó de construir en 1472 y cuenta con la mayor superficie de vidrieras del mundo.

Houston Stewart Chamberlain, el filósofo anglo-alemán, confirma estas condiciones de vida en sus *Fundamentos del siglo XIX:*

> "En el siglo XIII, cuando las razas teutónicas comenzaron a construir su nuevo mundo, los campesinos de toda Europa eran hombres libres, con una existencia mucho más segura que la actual; La *copropiedad*[21] era la norma, de modo que Inglaterra, por ejemplo -hoy un lugar de feudalismo que beneficia a los terratenientes- era ya en el siglo XV un país enteramente en manos de miles de agricultores, que no sólo eran los propietarios legales de sus tierras, sino que también poseían

[21] *El copyhold* era una forma de derecho de propiedad de la tierra única en Inglaterra que tenía su origen en el sistema de servidumbre.

derechos equivalentes sobre los pastos y los bosques. »[22]

En su tiempo libre, muchos artesanos ejercieron voluntariamente su talento en la construcción de algunas de las catedrales más magníficas de Inglaterra, reforzando uno de los principios básicos de la civilización occidental: sin tiempo libre, el florecimiento de la cultura es imposible. George Macauley Trevelyan, historiador inglés, describe estos logros de la siguiente manera:

> "La tradición continua pero siempre cambiante de la arquitectura eclesiástica continuó majestuosamente, llenando Inglaterra de edificios maravillosos nunca igualados por los antiguos ni por los modernos... En las nuevas iglesias, la luz ya no se filtraba, sino que ahora inundaba los espacios a través de las vidrieras, cuyo secreto de fabricación se ha perdido aún más completamente que la magia de esta arquitectura."[23]

Aunque el rey Enrique VIII (1509-1547) suavizó las leyes sobre la usura en 1509, posteriormente fueron derogadas por su hijo el rey Eduardo VI (1547-1553) mediante una ley de 1552, cuyo preámbulo afirmaba que "la usura está, según la palabra de Dios, totalmente prohibida, como vicio más atroz y detestable...".

El fin de una edad de oro

---

[22] H. S. Chamberlain, *The Foundations of the Nineteenth Century*, The Bodley Head, Londres, 1912, Vol. II, pp. 354-355.

[23] G. M. Trevelyan, op. cit. p. 51.

Merrie England (Inglaterra feliz) en el siglo XV -
Celebrando ^{el Primero de Mayo} bailando alrededor del mástil.

Durante el siglo XVII esta edad de oro llegó a un trágico final. Un gran número de judíos, que habían sido expulsados de España en 1492 por Isabel I de Castilla y Fernando II de Aragón [24]a causa de sus reiteradas usuras y prácticas comerciales desleales, encontraron refugio en Holanda. Aunque los holandeses eran una importante potencia marítima en aquella época, los usureros judíos con sede en Ámsterdam estaban deseando volver a Inglaterra, donde sus perspectivas de ampliar las operaciones de su imperio de préstamos de dinero eran mucho más prometedoras.

---

[24] El Decreto de la Alhambra, también conocido como Edicto de Expulsión.

Durante el reinado de la reina Isabel I (1558-1603), un pequeño número de judíos marrano-españoles, convertidos a una forma hipócrita de cristianismo, se estableció en Londres. Muchos de ellos ejercían la profesión de orfebres, acordando mantener depósitos de oro, emitiendo posteriormente diez veces la cantidad de oro mantenida en forma de billetes al portador, es decir, préstamos con intereses. Estos recibos, precursores del fraudulento sistema bancario de reserva fraccionaria, se prestaban inicialmente a la Corona o al Tesoro a un interés del 8% anual, pero según Samuel Pepys, [25]cronista y secretario del Almirantazgo, los tipos de interés subieron al 20% e incluso al 30% anual.[26] Los tipos de interés que pagaban los comerciantes superaban a menudo el 33% anual, a pesar de que el tipo legal era sólo del 6% anual.[27] Los trabajadores y los pobres soportaron la carga de estos tipos de interés exorbitantes al tener que pagar el 60%, el 70% o incluso el 80% al año.[28] Según Michael Godfrey, autor del folleto *A Short Account of the Bank of England,* se perdieron entre dos y tres millones de libras por las quiebras de los orfebres y la desaparición de sus empleados.[29]

---

[25] A. M. Andreades, *History of the Bank of England*, P. S. King & Son Ltd, Londres, 1935, p. 35. Pepys describe estos exorbitantes tipos de interés como una "horrible vergüenza".

[26] Ibid, p. 24. El autor también consultó la obra de Isaac Disraeli *Usurers of the Seventeenth Century*.

[27] Ibid, p. 24.

[28] Ibid, p. 47.

[29] Ibid, 24-25.

Cromwell y la Guerra Civil inglesa

En 1534, mediante el Acta de Supremacía, la Iglesia Anglicana fue establecida como religión oficial de Inglaterra por el rey Enrique VIII. Durante los siglos XVI y XVII, las creencias puritanas basadas en las enseñanzas de Juan Wycliffe y Juan Calvino[30] ganaron cada vez más adeptos. Los puritanos consideraban que la Biblia era la verdadera ley de Dios y hacían hincapié en la lectura de la Biblia, la oración y la predicación, además de simplificar el ritual de los sacramentos.

El rey Estuardo Carlos I (1625-1649), que deseaba mantener la preeminencia de la Iglesia anglicana, se vio envuelto en un intenso conflicto con los puritanos, que estaban haciendo grandes progresos en el proselitismo de la población. Tras el asesinato del amigo y consejero de confianza de Carlos, el duque de Buckingham, en 1628, éste se vio cada vez más aislado.

La creciente división religiosa proporcionó una oportunidad perfecta para que los conspiradores judíos la explotaran. Como escribió Israel Disraeli, padre del Primer Ministro Benjamín Disraeli, en su libro *La vida y el reinado de Carlos I*: "La nación estaba astutamente dividida en sabatarios por un lado y rompedores del

---

[30] A. H. M. Ramsay, *The Nameless War,* Britons Publishing Co, Londres, 1952, p. 11, recientemente reeditado por Omnia Veritas Ltd. Disponible en Castellano sobre el titulo: *La guerra innominada - el poder judío contra las naciones.* Calvino procedía de Francia, donde su nombre se escribía Cauin, una variante de Cohen. En una reunión de la B'nai B'rith en París, de la que informó *La Gazette Catholique* en febrero de 1936, se anunció que era de origen judío.

sábado por otro."[31]

En 1640, uno de los líderes de la comunidad judía clandestina, Fernández Carvajal, comerciante y espía, que también era conocido como el "Gran Judío", organizó una milicia armada de unos 10.000 miembros, que fue utilizada para intimidar a la población de Londres y causar confusión. También se distribuyó un gran número de panfletos y folletos.[32]

La guerra civil entre los realistas (anglicanos) y los cabezas redondas (puritanos) duró de 1642 a 1648. Los cabezas redondas, con su "último ejército modélico", salieron victoriosos y causaron unas 190.000 bajas, el 3,8% de la población. El líder de los cabezas redondas era Olivier Cromwell (1599-1658), cuyo "ejército de último modelo" no sólo fue equipado y entrenado por el empresario y agitador profesional Fernández Carvajal, sino que también fue financiado por los usureros judíos de Ámsterdam. El líder de los judíos holandeses, Manasseh Ben Israel,[33] envió súplicas a Cromwell para que permitiera a los judíos regresar a Inglaterra a cambio de los favores financieros que tan generosamente había concedido.[34]

---

[31] Ibid, p. 11.

[32] Ibid, pp. 12-13.

[33] Ibid, p. 13.

[34] A. M. Andreades, op. cit. p. 30.

Un panfleto de 1650 que representa a **Oliver Cromwell**
como monarca de Inglaterra.

El regicidio del rey Carlos I

La perfidia de Cromwell se revela en su correspondencia
con la Sinagoga de Mulheim en Alemania.

16 de junio de 1647,

De Olivier Cromwell a Ebenezer Pratt

"A cambio de apoyo financiero, permitiré la
readmisión de los judíos en Inglaterra: esto, sin
embargo, es imposible mientras Carlos esté vivo.
Carlos no puede ser ejecutado sin un juicio, cuyos
motivos no existen en la actualidad. Por lo tanto,
sugiero que Charles sea asesinado, pero no quiero
tener nada que ver con los arreglos para

proporcionar un asesino, aunque estoy dispuesto a ayudarlo en su escape.

Aquí está la respuesta a esta carta:

12 de julio de 1647,

A Olivier Cromwell, de Ebenezer Pratt

"Dará ayuda financiera tan pronto como Carlos sea destronado y los judíos readmitidos. El asesinato es demasiado peligroso. Debemos permitir que Charles escape: su captura hará posible el juicio y la ejecución. Nuestro apoyo será importante, pero no es necesario discutir los términos antes de que comience el juicio. [35]

El rey Carlos estaba prisionero en Holmby House, en Northamptonshire. El 4 de junio de 1647, 500 revolucionarios lo apresaron y luego le permitieron escapar a la isla de Wight, donde posteriormente fue detenido. El 5 de diciembre de 1648, la Cámara de los Comunes decidió que "las concesiones hechas por el Rey eran satisfactorias y podrían conducir a un acuerdo". [36]

---

[35] A. H.M. Ramsay, op. cit. pp. 14-15. De una carta publicada en *Plain English* el 3 de septiembre de 1921: "Los Sabios de Sión existen desde hace mucho más tiempo de lo que se sabe. Mi amigo, el Sr. L. D. Van Valckert, de Ámsterdam, me envió recientemente una carta con dos extractos encontrados en la Sinagoga de Mulheim. El volumen que las contiene se perdió durante las guerras napoleónicas y ha llegado recientemente a manos del Sr. Van Valckert. Están escritas en alemán y contienen citas de cartas recibidas por las autoridades de la Sinagoga de Mulheim.

[36] Ibid, p. 16.

La ejecución del rey Carlos I en un grabado de época

Cromwell emprendió entonces una purga de la Cámara de los Comunes con la ayuda del coronel Pryde, hasta que todo lo que quedó fue un parlamento "rump" de 50 miembros, que entonces votaron pasivamente por el juicio del Rey. Ni un solo jurista inglés quiso redactar una acusación contra el Rey. Esta última fue finalmente formada por un judío holandés, Isaac Dorislaus. El rey fue obligado a participar en el juicio amañado en el Tribunal Superior de Justicia, dos tercios de cuyos miembros eran niveladores [37]del ejército. Carlos se negó a declararse, pero fue declarado culpable y ejecutado el 29 de enero de 1649. Cuando el convoy se acercó al patíbulo, una gran parte de la multitud gritó "¡Dios salve al Rey! ("Tras la ejecución, un clamor de angustia se extendió por el pueblo.

---

[37] Alianza informal de agitadores y panfletistas, precursores de los jacobinos y los bolcheviques.

La segunda inmigración judía

Del 7 al 18 de diciembre de 1655, Cromwell, que se hacía llamar Lord Protector, celebró una conferencia en Whitehall, Londres, para obtener la aprobación de una nueva inmigración de judíos a gran escala. Aunque la conferencia estaba repleta de partidarios de Cromwell, el consenso abrumador entre los delegados, en su mayoría sacerdotes, abogados y comerciantes, era que no se debía permitir el regreso de los judíos a Inglaterra. [38]En octubre de 1656 se permitió a los primeros judíos desembarcar libremente en Inglaterra de forma clandestina, a pesar de las protestas del subcomité del Consejo de Estado, que había declarado que estos judíos "constituían una grave amenaza para el Estado y la religión cristiana".[39] "Todos los comerciantes sin excepción se opusieron a la readmisión de los judíos. Declararon que los inmigrantes serían perjudiciales para el país y que su admisión enriquecería a los extranjeros a costa de los ingleses. [40]

Cromwell murió el 3 de septiembre de 1658 y fue sucedido por su hijo, Richard, que gobernó durante nueve meses. El hijo de Carlos I, Carlos II (1660-1685) reinvirtió el trono de su padre asesinado. Aunque fue el último monarca inglés en acuñar moneda (en forma de billetes), cometió dos errores políticos fatales. El [1] de agosto de 1663 promulgó la eufemísticamente titulada

---

[38] H. S. A. Henriques, The Jews and English Law IV, *The Jewish Quarterly Review*, Vol. 14, n° 4, julio de 1902, pp. 653-697.

[39] A. H. M. Ramsay, op. cit. pp. 16-17.

[40] A. M. Hyamson, *A History of the Jews in England*, Methuen, 1928, citado en A. N. Field, *All These Things*, Omni Publications, Hawthorne, California, 1936, p. 215.

Ley de Fomento del Comercio, que permitía "la exportación de todas las monedas y lingotes de oro y plata a países extranjeros, libre de toda restricción y regulación de cualquier tipo".[41] Durante el debate sobre el proyecto de ley, el conde de Anglesey observó clarividentemente "que era peligroso para la paz del reino que éste estuviera a merced de un puñado de superricos desafectos y facciosos que pudieran formar un banco (un organismo de acumulación) con nuestra propia moneda y reservas de oro, atravesando los mares y dejándonos faltos de efectivo cuando (ya) no estuviera en manos del Rey impedirlo."[42]

---

[41] D. Astle, op. cit. p. 44.

[42] A. Del Mar, *The History of Money in America from the Earliest Times to the Establishment of the Constitution*, Omni Publications, Hawthorne, California, 1966, (publicado por primera vez en 1899), p. 66.

TO THE

Parliament, The Supream Court of

ENGLAND,

And to the Right Honourable *the* Coun-cell of State, Menaſſeh Ben Iſrael, *prayes*
God to give Health, and all Happineſſe :

T is not one cauſe alone (moſt renowned Fa-thers) which uſeth to move thoſe, who deſire by their Meditations to benefit Mankind, and to make them come forth in publique, to de-dicate their Books to great Men; for ſome, and thoſe the moſt, are incited by Covetouſneſſe, that they may get money by ſo doing, or ſome peece of Plate of gold, or Silver; ſometimes alſo that they may obtaine their Votes, and ſuffrages to get ſome place for themſelves, or their friends. But ſome are moved thereto by meere and pure friendſhip, that ſo they may publick-ly teſtifie that love and affection, which they bear them, whoſe names they prefixe to their Books; let the one, and the other, pleaſe themſelves, according as they delight in the reaſon of the Dedication, whether it be good or bad; for my part, I beſt like them, who do it upon this ground, that they may not commend themſelves, or theirs, but what is for publick good.

As for me (moſt renowned Fathers) in my dedicating

A 2   this

(3)

Panfleto publicado por Menasseh ben Israel para promover la readmisión de judíos en Inglaterra.

Tres años más tarde, mediante una Ley de Fomento de la Acuñación, permitió a los particulares, es decir, a los banqueros y orfebres, acuñar las monedas del reino en la Real Casa de la Moneda y adquirir así el considerable privilegio del señoreaje (la diferencia entre el valor nominal de las monedas y el coste de su producción) como ingreso en su beneficio exclusivo. Además, esto les permitía aumentar o disminuir la oferta monetaria a voluntad y, por tanto, subir o bajar los precios a voluntad, en gran detrimento del resto de la población.

El reinado de su hermano, Jaime II (1685-1688), duró sólo tres años. Fue víctima de panfletos y propaganda sin escrúpulos, principalmente de Holanda. Una expedición militar emprendida por el príncipe Guillermo de Orange acabó por destronarlo definitivamente. Aunque el ejército de Jacobo era superior en número, se desanimó de atacar después de que John Churchill, el primer duque de Marlborough, lo abandonara repentinamente. Según la *Enciclopedia Judía*, Churchill recibió posteriormente una renta anual de 6.000 libras del judío holandés Salomón de Medina como recompensa por su traición. [43]Esta gran suma, "dinero de la sangre", permitió a Churchill emprender la construcción del Palacio de Blenheim, que se completó a su muerte en 1722.

La campaña militar de Guillermo de Orange, como la del otro Guillermo el Conquistador en 1066, fue financiada por banqueros judíos. A cambio de su apoyo, Guillermo III (1689-1702) cedió la prerrogativa real de emitir la moneda de Inglaterra libre de deudas e intereses a un consorcio conocido como el Gobernador y la Compañía del Banco de Inglaterra. A. N. Field, en su libro *All these Things*, resume los acontecimientos de este periodo de la siguiente manera:

> "Treinta y tres años después de que Cromwell dejara volver a los judíos a Inglaterra, un príncipe holandés

---

[43] A. H. M. Ramsay, op. cit. p. 18.

llegó desde Ámsterdam rodeado de un enjambre de judíos de ese centro financiero. Al expulsar a su cuñado [Jacobo II] del reino, consintió amablemente en sentarse en el trono de Inglaterra. El resultado natural que siguió a este acontecimiento fue la inauguración de la Deuda Nacional, mediante el establecimiento, seis años más tarde, del Banco de Inglaterra, cuyo propósito era prestar dinero a la Corona. Inglaterra había vivido a su manera antes de que llegaran los judíos. El prestamista estaba entonces en el lugar, y la situación en la que se encuentra ahora la nación no puede describirse mejor que en las palabras de Shakespeare, cuando puso, con visión profética, estas palabras en boca del moribundo Juan de Gante:

> *Esta patria de tantas almas queridas, esta*
> *querida, querida patria, apreciada por su*
> *gloria en el mundo,*
> *Está ahora fletado, muero declarándolo,*
> *Como un feudo o una miserable granja*
> *Esta Inglaterra, comprometida en un mar*
> *triunfante,*
> *Cuya costa rocosa repele el asalto envidioso*
> *De Neptuno húmedo, está ahora comprometido*
> *con la ignominia*
> *¡Por las manchas de tinta y los pergaminos*
> *podridos! Esa Inglaterra que solía esclavizar a*
> *otros, ¡ha consumado vergonzosamente su*
> *propia servidumbre!*
>
> - Ricardo II, Acto II, Escena I

"La historia del segundo asentamiento de los judíos en Inglaterra no es más que un largo rastro de obligaciones escritas en pergamino, que encadenan a la nación con la deuda. Cada etapa del ascenso de los judíos en los asuntos de la nación ha estado marcada por el aumento y la multiplicación de la deuda."[44]

La creación del Banco de Inglaterra

La necesidad de un banco central de propiedad privada fue planteada por un pirata retirado, [45]William Paterson, cuando escribió un panfleto en 1693 titulado *A Brief Account of the Intended Bank of England*.[46] El [47]jueves 21 de junio de 1694 se abrió una lista de suscripción para el Banco, que tenía un capital inicial de 1.200.000 libras. El lunes siguiente esta cantidad fue suscrita en su totalidad.

El propósito obvio del banco era prestar al rey Guillermo sumas ilimitadas de dinero al 8% anual, para permitirle proseguir la guerra, y en particular el conflicto con Luis XIV de Francia, cuyo país aún no estaba bajo el sistema de usura. El [48]banco recibía así intereses de la Corona, que ascendían a 100.000 libras esterlinas anuales, siendo las 4.000 libras adicionales la comisión de administración. El Banco también adquirió el derecho de

---

[44] A. N. Field, op. cit. p. 218.

[45] A. M. Andreades, op. cit. p. 60. En aquella época, la profesión de bucanero no se consideraba deshonrosa.

[46] Ibid, p. 66.

[47] W. G. Simpson, *¿Qué camino sigue el hombre occidental?* Yeoman Press, Cooperstown, Nueva York, 1978, p. 621.

[48] F. J. Irsigler, *On the Seventh Day They Created Inflation*, Wynberg, Ciudad del Cabo, Sudáfrica, 1980, p. 5.

emitir 1.200.000 libras esterlinas en billetes sin cobertura de oro.

Antes de su registro, los estatutos del Banco fueron cuidadosamente examinados por el abogado Levinz, para que fueran totalmente coherentes con su propósito oculto, es decir, desangrar al pueblo inglés a perpetuidad, permitiendo la creación de moneda nacional de la nada mediante el cobro de intereses. Todo este dinero falso debía ser devuelto con intereses compuestos. Levinz era un judío de Ámsterdam que ejercía como abogado. [49]

Hubo una fuerte oposición a la creación del Banco. Procedía principalmente de los orfebres y prestamistas, que entendían que pondría fin a su chanchullo de usura bancaria en forma de reservas fraccionadas basadas en los recibos de oro que emitían. Los terratenientes y la alta burguesía provincial temían un aumento de los tipos de interés, ya que el Banco controlaría la oferta monetaria de la nación. Se denunció que el banco favorecía a ciertos comerciantes, dándoles tipos de interés preferenciales. El mayor temor era que "el Banco se volviera demasiado poderoso y fuera así la piedra angular del comercio mundial". [50]Por desgracia, esto es exactamente lo que ocurrió, ya que el Banco de Inglaterra se convirtió en el modelo para todos los demás bancos centrales que le siguieron.

---

[49] J. E. T. Rogers, *The First Nine Years of The Bank of England*, Clarendon Press, Oxford, 1887, p. 4.

[50] A. M. Andreades, op. cit. p. 69.

La creación del **Banco de Inglaterra fue** promulgada por una ley del Parlamento descrita como "Una ley para asegurar a sus majestades varias tarifas y derechos sobre el tonelaje de los barcos y buques...".

En ese momento, la Cámara de los Comunes estaba formada por 514 miembros, divididos en 243 tories, 241 whigs y 28 miembros de filiación desconocida. [51]Alrededor de dos tercios de los miembros eran señores de provincias y se sabe que el 20% de ellos eran analfabetos. La ley se debatió en julio de 1694, en pleno verano, cuando los representantes rurales estaban ocupados en la cosecha. Aquel [52]fatídico día, el viernes 27 de julio de 1694, cuando se aprobó la Carta de Incorporación, sólo estaban presentes 42 miembros, todos whigs -pues los tories se oponían-, que votaron

---

[51] Oficina de Información de la Cámara de los Comunes, Londres.

[52] El 23 de diciembre de 1913 se aprobó una legislación similar para la Reserva Federal de EE.UU., de propiedad privada, cuando sólo estaba presente un pequeño número de miembros restantes, ya que la mayoría se había ido a casa para celebrar la Navidad. H. S. Kenan, *The Federal Reserve Bank*, The Noontide Press, Los Angeles, 1966, pp. 19-20.

todos a favor del Acta. (Esto plantea la cuestión de lo que constituía el quórum en ese momento).

El título de la Ley no mencionaba el proyecto de Banco de Inglaterra, que se describía, o más bien se ocultaba, durante dos tercios en una verborrea ininteligible -es decir, para los profanos-.

La frase inicial de la Ley comienza: "Guillermo y María, Rey y Reina de Inglaterra, Escocia, Francia e Irlanda, por la Gracia de Dios, Defensores de la Fe, etc., a quienes todos los que los representan dan la bienvenida. A los que dan la bienvenida todos aquellos que los representan. La tercera frase, que contiene 242 palabras, comienza: "Considerando que en y por una cierta Ley hecha recientemente en el Parlamento, titulada Ley para conceder a Sus Majestades varios Aranceles y Derechos según el TONELADO DE LOS BUQUES Y NAVES, y sobre la Cerveza, las Bebidas Fermentadas y otros Licores, para fijar ciertas Recompensas y Ventajas en dicha Ley, dichas Personas adelantarán voluntariamente la Suma de 150.000 libras esterlinas para continuar la Guerra con Francia, se promulga entre otras cosas..."[53]

---

[53] D. Astle, op. cit. p. 55.

Día de pago de dividendos del Banco de Inglaterra,
grabado en madera, alrededor de 1800

El grueso de los dos primeros tercios de la ley detalla la necesidad de aplicar una complicada serie de nuevos aranceles, derechos e impuestos sobre los barcos, la cerveza, las bebidas fermentadas y otros licores. La verdadera razón de la introducción de todos estos impuestos era que eran necesarios para pagar los intereses de todos los futuros préstamos del gobierno. Poco después, se introdujeron otros impuestos: el impuesto sobre la tierra, el impuesto sobre el papel, el impuesto de capitación, el impuesto sobre la sal, el impuesto sobre el timbre y el impuesto sobre las ventanas, que sustituyó al impuesto sobre el hogar o la chimenea. Otros impuestos creados fueron el de los vendedores ambulantes, el de los carruajes, el de los nacimientos, matrimonios y defunciones y el de los solteros.[54] Sin embargo, el impuesto más confiscatorio era el impuesto sobre la renta indexado a un tipo del 20%. Se aplicó no sólo a las empresas sino también a los agricultores.[55]

La guerra y la servidumbre por deudas a perpetuidad

En adelante, surgiría un modelo de sociedad en el que se librarían guerras innecesarias para aumentar simultáneamente la deuda nacional y los beneficios de los usureros. Es significativo que la mayoría de estas guerras se declararon contra países que habían establecido un sistema bancario sin intereses, como fue el caso de las colonias norteamericanas y de la Francia de Napoleón. Este patrón de refuerzo del sistema de usura de los banqueros mediante la violencia se ha desplegado ampliamente en la era moderna y se ilustra con las derrotas de la Rusia Imperial en la Primera Guerra Mundial, luego de Alemania, Italia y Japón en la Segunda Guerra Mundial, y más recientemente en Libia en 2011. Todos estos países contaban con sistemas bancarios estatales que redistribuían la riqueza de sus respectivas naciones de forma equitativa, proporcionando a sus pueblos un nivel de vida mucho más alto que el de sus rivales contemporáneos.

En 1696, a los dos años de su creación, el Banco de Inglaterra había puesto en circulación billetes por valor de 1.750.000 libras esterlinas con una reserva de oro de sólo el 2%, lo que correspondía a un valor de 36.000

---

[54] A. M. Andreades, op. cit. p. 55.

[55] J. E. T. Rogers, op. cit. pp. 106-107.

libras esterlinas.[56] El de mayo de 1707 se estableció la unión entre Escocia e Inglaterra, motivada en gran medida por la necesidad de hacerse con el control de la Real Casa de la Moneda de Edimburgo, que se produjo en 1709.

En 1720, tras el final de la Guerra de Sucesión Española (1701-1714), la deuda pública ascendía a 30 millones de libras, y sólo la guerra costó 50 millones.[57] Tras la Guerra de la Independencia de Estados Unidos (1775-1783), que se desencadenó después de que los colonos se vieran obligados a sustituir su moneda libre de deudas por dinero inglés, lo que provocó un desempleo del 50% de la población trabajadora, la deuda nacional ascendió a 176 millones de libras.

Según Sir John Harold Clapham, que escribió *The Bank of England: A History 1694-1914* en 1944, Salomón de Medina y dos da Costa, Fonseca, Henríquez, Méndez, Núñez, Rodríguez, Salvador y Teixeira de Mattos, todos ellos judíos sefardíes, habían adquirido la mayoría de las acciones del banco en 1722.

En 1786, el Primer Ministro William Pitt el Joven, intentó abolir la deuda pública mediante un fondo de amortización que generaba un millón de libras al año en intereses, que dedicó íntegramente a pagar la deuda.[58] Este proceso se abandonó pronto debido al enorme aumento de los préstamos necesarios para financiar la guerra contra Napoleón. En 1797, para pagar la creciente

---

[56] F. J. Irsigler, op. cit. p. 5.

[57] A. M. Andreades, op. cit. p. 119.

[58] W. D. Bowman, *The Story of the Bank of England,* Herbert Jenkins Ltd, Londres, 1937, p. 291.

carga de los intereses, se introdujo un sistema de impuesto sobre la renta graduado, cuya recaudación ascendía en 1815 a 70 millones de libras esterlinas al año.[59]

La guerra contra Francia duró de 1792 a 1815. El principal objetivo de este innecesario derramamiento de sangre era destruir el sistema financiero sin deudas ni intereses establecido por Napoleón. (Véase el capítulo III) Durante este período, Inglaterra también libró una guerra contra Estados Unidos desde 1812 hasta 1814. Esta guerra, al igual que la de Francia, fue iniciada por Inglaterra a petición del banquero Mayer Amschel Rothschild (de nombre real Bauer), después de que el Congreso de los Estados Unidos se negara a renovar la carta del Banco de los Estados Unidos, controlado por los Rothschild[60], que había sido el banco central de América desde 1791 hasta 1811.[61] Nathan Rothschild es famoso por haber dicho en 1815: "Dadme el control de la moneda de una nación y no me importa quién haga las leyes". La minoría que entiende el sistema, estará tan interesada en sus beneficios o será tan dependiente de sus favores, que nunca habrá oposición por parte de los miembros de esa clase social." El primer ministro británico Spencer Perceval (1809-1812) intentó detener

---

[59] A. M. Andreades, op. cit. p. 162.

[60] El 100% de las acciones del banco estaban en manos de los Rothschild y sus asociados.

[61] En 1836, el presidente Andrew Jackson cerró el Segundo Banco de los Estados Unidos retirando todos los depósitos del gobierno. En 1816 se estableció mediante una carta de 20 años. Los Rothschild y sus socios poseían el 80% de las acciones y el gobierno estadounidense el resto.

esta guerra completamente inútil, pero fue asesinado el 11 de mayo de 1812 en el vestíbulo de la Cámara de los Comunes por John Bellingham, un extremista encargado por Rothschild.[62]

En 1815, la deuda pública se había disparado hasta los 885 millones de libras. Esta guerra completamente innecesaria costó la vida de aproximadamente tres millones de soldados y un millón de civiles. La destrucción del banco estatal creado por Napoleón costó al pueblo británico 831 millones de libras[63], de los cuales 2.500 millones quedaban por pagar en 1914. El capital de 504 millones de libras se había quintuplicado con el tiempo, gracias a la magia del interés compuesto.

William Cobbet (1763-1835), un astuto parlamentario que representaba a la comunidad agrícola, vio lo que estaba pasando y escribió

"Empecé a estudiar el Acta del Parlamento por la que se había establecido el Banco de Inglaterra. Los inversores sabían lo que hacían. Sus objetivos eran hipotecar todo el país por etapas... tierras... casas...

---

[62] www.tomatobubble.com/fh1.html Historia prohibida del NWO (1765-1816). Junto a su nombramiento como Primer Ministro el 4 de octubre de 1809, Percival también ejerció como Canciller de Hacienda, cargo para el que había sido nombrado desde el 28 de marzo de 1807. Por tanto, conocía a fondo los entresijos de las altas finanzas. Durante su mandato, su secretario del Tesoro fue John Charles Herries, amigo personal e informante secreto de Nathan Rothschild. Véase N. Ferguson, *The House of Rothschild, Money's Prophets 1798-1848*, Vol. 1, Penguin Books, Londres, 1999, p. 86. (El profesor Ferguson es una persona con información privilegiada que participó en la conferencia de Bilderberg celebrada en Chantilly, Virginia, Estados Unidos).

[63] W. D. Bowman, op. cit. p. 290.

propiedades... mano de obra. Su plan produjo lo que el mundo nunca había conocido: miseria en medio de la abundancia".[64]

En 1800, Sir William Pultney, miembro del parlamento, propuso la formación de un banco nacional después de realizar "vigorosos ataques" al Banco. [65]En 1824, otro diputado, David Ricardo, presentó un plan detallado[66] para convertir el Banco de Inglaterra en un banco nacional. Ambos intentos fracasaron. Los asuntos del Banco de Inglaterra permanecieron en secreto y no fue hasta 1833, 139 años después, cuando se presentó al Parlamento una versión depurada de sus actividades a través de la Ley de 1833.[67]

Al estallar la Primera Guerra Mundial en 1914, la deuda nacional ascendía a 650 millones de libras. [68]El 31 de

---

[64] W. Cobbett, *The Political Register*, Vol. XVIII, n° 1, Londres, 14 de julio de 1810.

[65] Ibid, p. 207.

[66] W. D. Bowman, op. cit. 228 y A. M. Andreades, op. cit. pp. 417-427.

[67] A. M. Andreades, op. cit. p. xii y p. 261.

[68] Pocos días después de que Inglaterra declarara la guerra, el 4 de agosto de 1914, se adoptó una medida de emergencia emitiendo 300 millones de libras Bradbury en billetes de 10 y 1 libras, libres de deuda e intereses. Pronto fueron sustituidos por préstamos de guerra. El profesor Frederick Soddy, ganador del Premio Nobel, explicó la forma fraudulenta en que se tomaron estos préstamos: "El Banco de Inglaterra emitió una circular en la que ofrecía prestar al 3% el dinero necesario para comprar los Préstamos de Guerra, por los que el contribuyente tenía que pagar un 4% de interés. Así, por cada libra que el contribuyente tomaba prestada, el banco recibía 15 peniques, y el falso suscriptor 5 peniques. El banco no corrió ningún riesgo, ya

marzo de 1919 se había disparado hasta los 7.434 millones de libras[69], de los cuales 3.000 millones de libras aún deben pagarse 95 años después a un tipo de interés del 3,5% anual. En 1919, el 40% de todos los gastos presupuestarios se dedicaron al pago de intereses. Durante la Segunda Guerra Mundial la deuda pública aumentó casi un 300%, pasando de 7.100 millones de libras en 1939 a 20.100 millones en 1945. En junio de 2014, se sitúa en 1,3 billones de libras. [70]Sin embargo, si sumamos todos los pasivos, incluidas las pensiones del sector público y privado, supera los 5 billones de libras.

Nacionalización

El 14 de febrero de 1946, el gobierno laborista nacionaliza el Banco de Inglaterra. Los accionistas recibieron Letras del Tesoro por valor de 11.015.100 libras esterlinas, amortizables al cabo de 20 años. Esta nacionalización, que debía poner el banco bajo control público, no alteró el sistema bancario privado de reserva fraccionaria y sólo se llevó a cabo con fines propagandísticos, figurando en el programa del Partido Laborista para la nacionalización de determinados sectores financieros e industriales.

El 6 de abril de 1974, el Banco de Inglaterra registró la Bank of England Nominees Limited, empresa número 1307478, una filial de propiedad absoluta, con

---

que retuvo la nueva suscripción como garantía de su préstamo hasta que la deuda fue pagada". F. Soddy, *Wealth, Virtual Wealth and Debt*, G. Allen & Unwin, Londres, 1933, p. 255.

[69] A. N. Field, op. cit. pp. 164-165

[70] www.nationaldebtclocks.com/unitedkingdom.htm

accionistas privados que poseían sus 100 acciones a 1 libra cada una, el 50% de las cuales fueron vendidas. Algunos sospechan que este reajuste en la gestión del banco representa su captura inversa por parte de los accionistas privados. Dado que ciertos aspectos de las operaciones del Banco de Inglaterra están protegidos por la Carta Real, Sección 27(9), así como por la Ley de Sociedades de 1976, y la Ley de Secretos Oficiales de 1989, y por lo tanto ya no están sujetos a ningún tipo de escrutinio público o incluso de revisión parlamentaria, esta suposición puede resultar bien fundada.

CAPÍTULO III

LOS BORBONES, NAPOLEÓN
Y EL BANCO DE FRANCIA

Los hechos mortales revelados aquí me llevaron a preguntarme cómo este monstruo, los intereses, no había devorado aún a toda la raza humana.

- Napoleón Bonaparte, examinando una tabla de interés.

Cuando se creó el Banco de Inglaterra en 1694, uno de sus principales objetivos era proporcionar fondos para la continuación de las hostilidades contra Francia. En aquella época, Francia era la primera potencia mundial. Tanto en términos de fuerza marítima como de posesión territorial. Cuatro años antes, en la batalla de Beachy Head, cerca de Eastbourne (Inglaterra), la armada francesa había derrotado contundentemente a la flota inglesa hundiendo doce barcos, mientras que otros veinte fueron hundidos por sus tripulaciones inglesas.[71]

Desde el 7 de junio de 1654, Francia estaba gobernada por su monarca más glorioso, Luis XIV el Rey Sol. Luis estaba al tanto de los tejemanejes de los banqueros. Cuando descubrió que su ministro de Finanzas, Nicolas Fouquet, era un representante de lo que hoy se llama el poder del dinero, y al recibir pruebas irrefutables "de que

---

[71] En la batalla de Trafalgar, el 21 de octubre de 1805, los franceses perdieron un barco.

había traicionado la confianza depositada en él por la mala gestión de los fondos públicos y por una monstruosa corrupción", lo hizo detener. Fouquet fue juzgado y condenado y puesto bajo arresto domiciliario durante el resto de su vida en la inaccesible fortaleza de Pignerol.[72]

La Guerra de Sucesión Española (1702-1714) fue el mayor conflicto militar desde las Cruzadas. Comenzó después de que Luis declarara su intención de colocar a su nieto, Felipe, duque de Anjou, en el trono español. De tener éxito, esto crearía un vasto imperio hispano-francés, lo que supondría una amenaza directa para el Banco de Inglaterra y su apoderado, el gobierno de Gran Bretaña. Con su capacidad de crear dinero de la nada, los ingleses pudieron construir una gran flota y comprar la lealtad de los enemigos de Francia sobornándolos generosamente.

Luis se mantuvo durante nueve años, hasta que sus herederos comenzaron a morir en extrañas circunstancias. El 13 de abril de 1711, su hijo Luis, el Gran Delfín, murió supuestamente de viruela, aunque ya había contraído la enfermedad de niño. El 12 de febrero de 1712, la esposa de su nieto, el duque de Borgoña, murió de fiebre. Pocos días después, su marido, cubierto de granos, murió el 18 de febrero de 1712 por causas desconocidas. Unas semanas más tarde, los dos bisnietos del Rey enfermaron de escarlatina. El duque de Bretaña, de cinco años, murió el 18 de marzo de 1712. Su hermano de tres años, el duque de Anjou, sobrevivió milagrosamente después de que el rey ordenara

---

[72] W. G. Simpson, *¿Wich Way Western Man?* Yeoman Press, Cooperstown, Nueva York, 1978, 230.

encerrarlo y tratarlo con un antídoto.

Tras estas tragedias, se persuadió al rey para que cesara las hostilidades y entablara negociaciones. En Utrecht se firmó un tratado en marzo y abril de 1713, que permitió a Francia conservar en gran medida sus fronteras de antes de la guerra. A partir de entonces, los herederos del trono francés dejaron de morir, aunque esto no impidió que el otro nieto de Luis, el duque de Berry, que era regente del futuro Luis XV, muriera de un insólito "accidente" de equitación.[73]

Desgarrado por el dolor, el Rey Sol murió por causas naturales el [1] de septiembre de 1715.

La capacidad de los ingleses para controlar vastas sumas de dinero no había escapado a la atención de los franceses, que comprendían que la guerra no se había ganado por falta de crédito financiero. El [1] de mayo de 1716, un escocés, John Law, fue autorizado a abrir un banco privado, la Banque Générale. Se inspiró en el Banco de Inglaterra y estaba autorizado a emitir billetes y cambiarlos por oro.[74]

El regente de Luis XV, Felipe II, duque de Orleans, se dio cuenta de que la banca podía proporcionar al gobierno los medios para hacer frente a sus gastos y en 1718 se creó el primer banco central de Francia, rebautizado como Banque Royale.

La adopción del paradigma del Banco de Inglaterra,

---

[73] N. Starikov, *Ruble Nationalization The Way to Russia's Freedom*, San Petersburgo, Piter, 2013, 57-58.

[74] Estos hechos son más conocidos como el "Mississippi Company Affair".

basado en la capacidad de crear dinero *ex-nihilo*, pronto permitió que la economía francesa se recuperara y volviera a florecer. Sin embargo, este periodo de prosperidad duró poco. En enero de 1720, el gobierno francés contrajo un préstamo récord de 100 millones de *libras*. Al mes siguiente, se extendió el rumor de que el banco tenía dificultades para cambiar sus billetes por monedas de oro y se produjo un "pánico atroz". [75]No se conoce el origen de este rumor, pero el sospechoso más probable era el Banco de Inglaterra, que quería destruir a su peligroso rival.[76]

Hubo varios intentos de rescatar al Royal Bank. Un decreto del 11 de marzo de 1720 prohibió el uso de monedas a partir [del 1] de mayo. Cuando esta medida no logró frenar el desastre inminente, el 22 de mayo de 1720 se promulgó un decreto que reducía el valor de los billetes en un 50%. Un tercer decreto del 10 de octubre de 1720 declara que a partir del 1 de noviembre los billetes serán retirados de la circulación y cambiados por billetes del Estado devaluados en un 50% de su valor. En noviembre de 1720 el Banco Real se declaró en quiebra y su fundador, el interventor general de finanzas, John Law, huyó del país al mes siguiente. Para el Banco de Inglaterra, la desaparición del Royal Bank fue un triunfo absoluto.

---

[75] N. Starikov, op. cit, 59.

[76] Véase el capítulo IV, para una descripción de cómo el Banco de Inglaterra destruyó la moneda de scrip de la Francia revolucionaria.

Luis XIV, el Rey Sol, siempre sospechó de los banqueros. Su incapacidad para financiar sus ejércitos y su armada le llevó a la derrota en la Guerra de Sucesión Española (1702-1714)

Napoleón, el reformador monetario

Napoleón, que fue emperador de Francia de 1804 a 1815, siempre fue consciente de que los poderes del dinero siempre permanecen en la sombra y actúan sólo a través de agentes, que a menudo desconocen los objetivos que persiguen. Se dio cuenta de que las finanzas internacionales estaban emboscadas detrás de todos los enemigos extranjeros, de todos los monarcas y de todos los partidos políticos, incluidos los jacobinos[77], declarando en una ocasión que: "La mano que da está por encima de la mano que recibe". Los financieros no tienen patria, son antipatrióticos y poco decentes: su único objetivo es el lucro.[78] Tenía las ideas muy claras sobre cómo quería gestionar la economía francesa. Definió su sistema como uno de explotación de los recursos del gobierno, incluyendo sus finanzas, para el beneficio de su pueblo y para la mayor gloria de Dios. Su sistema favorecía el mantenimiento de la supremacía espiritual sobre los valores materiales, de la nación sobre los partidos políticos, del patriotismo sobre la codicia cosmopolita, de la lealtad sobre el terror despótico.[79]

Napoleón establece el Banco de Francia, 18 de noviembre de 1800

---

[77] Los jacobinos eran originalmente miembros de un movimiento político revolucionario de extrema izquierda, que defendía el principio de una república centralizada. Durante la Revolución, establecieron el Reinado del Terror. El Club Jacobino estaba situado en la Rue St Jacques de París.

[78] R. McNair Wilson, *Monarchy or Money Power*, Eyre & Spottiswoode, Londres, 1934, p. 92.

[79] Esto es similar al lema de la Francia de Vichy: "*Trabajo, familia, patria*".

La base de la economía debía ser la agricultura: "porque es el alma del pueblo... los cimientos del Reino". Luego vino la industria, que : [80][81]Por último, estaba el comercio exterior, que consistía únicamente en los excedentes de la agricultura y la industria. Según él, "el comercio exterior debe estar al servicio de la agricultura y de la industria nacional, esta última nunca debe estar subordinada a él".[82] El objetivo final de Napoleón era asegurar no sólo la independencia financiera, sino la autosuficiencia en la producción de los bienes consumidos en todo el país.

Napoleón nunca permitió que el Estado recurriera al endeudamiento para los gastos corrientes, ya fueran civiles o militares, bajo ninguna circunstancia. Sobre el tema de la deuda, declaró:

> "Sólo tuve que pensar en lo que podían provocar los préstamos para darme cuenta de su peligro. Así que nunca quise tener nada que ver con ellos y siempre me opuse firmemente a su uso. Hay quien dice que no pedí un préstamo porque no tenía crédito y no encontraba a nadie dispuesto a prestarme. Esto implica un conocimiento muy limitado de la naturaleza humana y una ignorancia total de los métodos financieros, si estas personas se imaginan que no podría encontrar a nadie para pedir un préstamo. Simplemente no era parte de mi sistema.[83]

---

[80] R. McNair Wilson, op. cit. p. 97.

[81] Ibid. p. 97.

[82] Ibid. p. 97.

[83] Ibid. p. 96.

El Banco del Estado del Imperio Francés

La primera iniciativa de Napoleón al asumir el poder como Primer Cónsul, el 9 de noviembre de 1799, fue la creación de la Banque de France, el 18 de enero de 1800, como sociedad anónima, que comenzó a funcionar el 20 de febrero de ese año. Este banco sustituyó a los 15 bancos privados, principalmente judíos, que habían estado muy implicados en los acontecimientos que condujeron a la Revolución Francesa de 1789 a 1799.[84] Estos bancos habían cobrado tipos de interés rapaces por los préstamos concedidos a la corona francesa, hasta el punto de que antes de 1789 la corona francesa destinaba más del 50% de sus gastos a su pago.

El Banco se constituyó con un capital social de 30 millones de francos dividido en 30.000 acciones de 1.000 francos cada una, parte de las cuales fueron suscritas por Napoleón, su familia y miembros de su entorno.[85] Los dividendos a los accionistas se limitaron inicialmente al 6% anual, pero se aumentaron en 1806 a dos tercios de los beneficios del banco, destinándose el tercio restante a reservas. Los doscientos mayores accionistas elegían a los 15 regentes o directores, que formaban parte del Consejo de Administración General del Banco, y a tres censores o inspectores, que supervisaban su gestión.

El Consejo de Administración, a su vez, eligió un Comité Central de tres miembros, uno de los cuales era el

---

[84] C. Quigley, *Tragedy and Hope, A History of the World in Our Time*, The Macmillan Company, Nueva York, 1966, p. 515.

[85] www.banque-france.fr/en/banque-de-france/history/the-milestones/1800-creation-of-the-banque-de-france.html

presidente.[86] Napoleón se nombró a sí mismo Presidente del Banco, declarando que "el Banco no sólo pertenece a los accionistas, sino también al Estado, porque éste le ha concedido el privilegio de emitir dinero". Deseo que el banco esté suficientemente en manos del Estado, pero no demasiado.[87]

El 14 de abril de 1803, mediante una ley aprobada en el Parlamento, Napoleón suprimió el derecho que ejercían dos bancos rivales, la *Caisse d'Escompte de Commerce* y el *Comptoir Commercial*, a emitir billetes. Como comentó en su momento:

> "¿No me dijiste que para preservar el crédito era necesario que el dinero artificial, como el creado por la Banque de France, fuera emitido por una sola fuente? Estoy de acuerdo con esta idea. Un banco puede ser controlado más fácilmente que muchos, tanto por el gobierno como por los ciudadanos. En caso de emergencia, no veo ninguna ventaja en una competencia de este tipo.[88]

El 22 de abril de 1806 se promulga una nueva ley que sustituye a los tres miembros del Comité Central por un gobernador y dos diputados.[89] Estos nombramientos

---

[86] Una historia de la banca en todas las naciones líderes; incluyendo Estados Unidos, Rusia, Holanda, las naciones escandinavas, Canadá, China, Japón; compilada por 13 autores. Editado por el editor de *The Journal of Commerce and Commercial Bulletin*, Nueva York, 1896, Vol. 3 (Francia, Italia, España, Portugal, Canadá).

[87] Enciclopedia Británica, 1964, Vol. 3, p. 132.

[88] El editor de *The Journal of Commerce and Commercial Bulletin*, op. cit.

[89] Ibid.

fueron avalados personalmente por Napoleón. La nueva ley aumentó el capital del Banco a 90 millones de francos. Napoleón desconfiaba tanto de los banqueros que supervisaba las operaciones del Tesoro para evitar que los secretos de su política monetaria fueran filtrados y explotados por los especuladores. De este modo, fue su propio banquero, controlando tanto la creación como la distribución del dinero y el crédito, para disgusto de los banqueros internacionales, en particular de los Rothschild, que se vieron prácticamente excluidos de las operaciones del mercado continental. Napoleón hizo del franco la moneda más estable de Europa. Después de que Francia abandonara el mercado de préstamos de la City de Londres, una niebla de depresión descendió sobre la cofradía de banqueros y usureros. Significativamente, la prensa inglesa comenzó a lanzar críticas contra Napoleón. Se le acusó de no cumplir los términos del Tratado de Amiens, que se había firmado entre Inglaterra y Francia el 25 de marzo de 1802. Las relaciones se volvieron tensas cuando Napoleón se negó a firmar un acuerdo comercial para aumentar el "libre comercio" y permitir lo que hoy es la globalización, lo que le obligó a reducir la autarquía y el aislacionismo de su política continental.

Inglaterra, bajo la dirección de sus banqueros internacionales, procedió entonces a financiar a Austria, Prusia, Rusia, España y Suecia e inmediatamente declaró la guerra a Francia.[90] Las fuerzas de la coalición

---

[90] Según la *Enciclopedia Británica*, 1964, Vol. 19, p. 573, los Rothschild "recaudaron" 100 millones de libras esterlinas para los distintos gobiernos de Europa durante las guerras napoleónicas.

superaban los 600.000 hombres.[91] Napoleón no podía reunir ni un tercio de este número, por lo que habría tenido que recurrir a préstamos bancarios para armar y alimentar a sus fuerzas. El 20 de diciembre de 1803, se adelantó a los belicistas vendiendo Luisiana a Estados Unidos por 3 millones de libras. Siguió un breve período de paz y prosperidad. Sin embargo, en 1806 una nueva coalición de Inglaterra, Rusia y Prusia, liderada por esta última, entró en guerra. Aunque los derrotó en Jena el 14 de octubre de 1806, Napoleón se vio obligado a participar en una serie de guerras innecesarias durante los nueve años siguientes para proteger a Francia y su nuevo sistema económico. Promulgó el Bloqueo Continental, cuyo objetivo era acabar con el comercio exterior de Gran Bretaña, ya que sabía que los ingleses no podían pagar sus importaciones y financiar a sus aliados al mismo tiempo.

Tratado de Tilsit - Napoleón y el zar Alejandro I firman el tratado en una balsa en el río Niemen.

---

[91] Esta fue la primera de seis coaliciones armadas diferentes.

En el Tratado de Tilsit, firmado el 7 de julio de 1807 en una balsa en medio del río Niemen, en Prusia Oriental, Napoleón y el zar Alejandro I forjaron una alianza que les convirtió en los amos de la Europa continental. Alejandro acordó unirse al bloqueo continental de Napoleón contra Gran Bretaña y apoyarse mutuamente en cualquier disputa con otras naciones, especialmente con el Imperio Británico. En aquella época, Francia y Rusia eran los dos únicos países de Europa que no estaban sometidos al sistema de usura y, por tanto, no estaban endeudados con los Rothschild. Eran, pues, las dos únicas naciones libres e independientes. Sin embargo, unos años después, Rusia comenzó a romper el bloqueo. Esta acción se basaba en el hecho de que Rusia, una nación principalmente productora de materias primas, tenía poca capacidad industrial y seguía dependiendo de Inglaterra para la importación de productos manufacturados. Alejandro sólo estaba dispuesto a continuar el bloqueo si Francia le suministraba mercancías previamente importadas de Inglaterra. Francia no estaba en condiciones de satisfacer estas demandas, porque Inglaterra mandaba en los mares y en aquella época no había carreteras ni ferrocarriles en Europa. Así que, para mantener el bloqueo, Napoleón decidió invadir Rusia el 24 de junio de 1812 con un ejército de 500.000 soldados. Aunque llegó a Moscú el 14 de septiembre de 1812, se encontró con que la ciudad había sido abandonada, y su retirada en el invierno siguiente se convirtió en un desastre, ya que sólo sobrevivieron 110.000 personas de su contingente. Al año siguiente, Napoleón fue derrotado en la "Batalla de las Naciones" al este de Leipzig el 19 de octubre de 1813. El 11 de abril de 1814, abdica en Fontainebleau.

Tras ser exiliado a la isla de Elba, situada entre Córcega

y Toscana, Napoleón intentó volver a la carga en la batalla de Waterloo, en la actual Bélgica, el 18 de junio de 1815. Todos los beligerantes, Inglaterra, Prusia y Francia, fueron financiados por Nathan Rothschild, a quien Francia pidió un préstamo de 10 millones de libras. [92]Tras su derrota, Napoleón fue exiliado a la isla británica de Santa Elena, en el Atlántico Sur, donde acabó muriendo en circunstancias misteriosas como un hombre sano a la edad de 51 años el 5 de mayo de 1821. Un examen de los restos de Napoleón reveló que ciertamente había muerto por envenenamiento con cianuro como resultado de una intoxicación crónica con arsénico. [93]En tal caso, no cabe duda de que se trataría de la obra de un

---

[92] Véase N. Ferguson, *The House of Rothschild, Money's Prophets 1798-1848*, Vol. 1, Penguin Books, Londres, 1999, pp. 95-99, sobre cómo se financió el ejército del duque de Wellington. En 1936, Eberhard Müller escribió una obra de teatro titulada *Rothschild gana en Waterloo*, en la que Rothschild explica: "Mi dinero está en todas partes, y mi dinero es amistoso. Es la potencia más amable del mundo, gorda, redonda como una pelota y sonriente"; "Mi casa es la Bolsa de Londres"; y "La fortuna de Inglaterra está en mis manos", p. 23.

[93] www.napoleon-series.org/ins/weider/c_assassination_w.html Las causas de la muerte de Napoleón han sido investigadas a fondo por el difunto Ben Weider, que el 18 de febrero de 1998 pronunció una conferencia titulada *El asesinato de Napoleón* en la Academia Militar de Sandhurst, Londres. Weider identificó al Conde Charles Tristan de Montholon como el probable envenenador. Estaba en contacto diario con el Emperador y estaba lo suficientemente dotado de un carácter disoluto y un pasado criminal como para encajar en el perfil perfecto de un asesino encargado en secreto por Rothschild. El arsénico, una sustancia incolora, inodora y completamente insípida, fue probablemente administrado a Napoleón en su consumo diario de vino del Cabo de Buena Esperanza. (Véase La muerte del Barón Pyotr Wrangel (1878-1928), Comandante en Jefe del Ejército Blanco Ruso del Sur, que fue envenenado por orden de Stalin por el hermano de su mayordomo que residía con la familia Wrangel en Bruselas, Bélgica).

asesino por encargo de los Rothschild, confirmando una costumbre que se repite constantemente desde hace dos siglos de asesinar a todos los dirigentes que proponen, instituyen o mantienen un sistema bancario sin usura.[94]

DÉCRET IMPÉRIAL

Concernant les Juifs qui n'ont pas de nom de famille et de prénoms fixes.

À Bayonne, le 20 juillet 1808.

NAPOLÉON, EMPEREUR DES FRANÇAIS, ROI D'ITALIE, et PROTECTEUR DE LA CONFÉDÉRATION DU RHIN ;

Sur le rapport de notre ministre de l'intérieur,

Notre Conseil d'État entendu,

Nous avons décrété et décrétons ce qui suit :

ARTICLE PREMIER.

Ceux des sujets de notre Empire qui suivent le culte hébraïque, et qui, jusqu'à présent, n'ont pas eu de nom de famille et de prénoms fixes, seront tenus d'en adopter dans les trois mois de la publication de notre présent décret, et d'en faire la déclaration par-devant l'officier de l'état civil de la commune où ils sont domiciliés.

Para facilitar la asimilación de los judíos a la sociedad francesa, Napoleón promulgó un decreto en 1808 que ordenaba a todos los judíos adoptar apellidos y utilizarlos en todos los documentos. En una carta a su hermano menor

---

[94] La mayoría de los presidentes estadounidenses que fueron asesinados estaban involucrados en reformas monetarias. Entre ellos están los presidentes Abraham Lincoln, James Garfield, William McKinley, Warren G. Harding y John F. Kennedy. El presidente Richard M. Nixon había mostrado un gran interés en la reforma de la Reserva Federal mientras estaba en el cargo, y esto puede haber sido un factor en su caída.

Jerónimo, escrita en 1808, Napoleón afirmaba: "Me he comprometido a reformar a los judíos, pero no tengo intención de atraer a más de ellos a mi reino... Es necesario reducir, si no destruir, la tendencia de los judíos a dedicarse a un gran número de actividades perjudiciales para la civilización y el orden público de las sociedades de todo el mundo. Es necesario detener el mal previniéndolo; para prevenirlo, es indispensable cambiar a los judíos... Una vez que algunos de sus jóvenes hayan ocupado su lugar en nuestro ejército, dejarán de albergar intereses y sentimientos judíos; sus intereses y preocupaciones serán franceses."

Los logros del banco estatal francés

En el marco del Código Napoleón (*Código Civil francés*), Napoleón promulgó un nuevo código comercial el 21 de marzo de 1804. Estas reformas económicas, que incluían una importante reducción de impuestos, reactivaron rápidamente la economía francesa y propiciaron un aumento del comercio y el desarrollo de nuevas industrias, como la del algodón y el azúcar de remolacha, todo ello apoyado y acompañado de barreras aduaneras contra las mercancías extranjeras y préstamos a bajo interés. Las infraestructuras se mejoran a gran escala, no sólo en Francia sino en toda Europa occidental, con la construcción de 32.186 km de carreteras imperiales y 19.312 km de carreteras regionales, casi 1.609 km de canales, puentes, el dragado y la ampliación de puertos como Cherburgo y Dunkerque, la conexión al agua potable, el florecimiento de edificios públicos, como la galería del Louvres, todo ello financiado con dinero sin intereses emitido por la Banque de France.

Napoleón creó también un Consejo de la Industria, que proporcionaba datos e información a la industria nacional, y luego la Universidad Imperial para administrar la educación de los franceses, con escuelas especializadas o *liceos para el* estudio de la ingeniería, la ciencia y la tecnología, y escuelas profesionales para la formación de matronas, obstetricia y veterinaria.

Más tarde, Napoleón describiría estos logros a su médico irlandés, Barry O'Meara, en la isla de Santa Elena, y declararía que eran los monumentos que permanecerían después de él. "Los poderes de la coalición nunca podrán quitarme el mérito de las grandes obras públicas que he emprendido, ni de las carreteras que he hecho a través de los Alpes[95], ni de los mares que he unido. No pueden poner un pie en ningún sitio sin caer en las huellas que han dejado los míos. No pueden borrar el código de derecho que he formado y que pasará a la posteridad. [96]

Para concluir, podemos considerar algunos de los logros que Napoleón enumeró a su antiguo chambelán y compañero diario durante 18 meses en Santa Elena, el Conde de Las Cases:[97]

"He inspirado a Francia y a Europa con nuevas ideas que nunca serán olvidadas... Las finanzas de Francia son las mejores del mundo. ¿A quién se lo debe? Si no hubiera sido derrocado, habría logrado un cambio completo en el campo del comercio y la industria. Los esfuerzos de los franceses fueron

---

[95] El paso de Simplón. Una de las principales razones por las que Napoleón hizo construir este paso fue para facilitar el transporte de su artillería a Italia.

[96] I. Tarbell, *A Short Life of Napoleon*, S. S. Mcclure Limited, Nueva York, 1895, Cap. VI Napoleón como Jefe de Estado y Legislador - Finanzas - Industrias - Obras Públicas. http://history-world.org/Napoléon7.htm

[97] Conde Emmanuel Augustin Dieudonné Joseph Las Cases (1766-1842). Registró los recuerdos, las reflexiones y las aspiraciones de Napoleón, que posteriormente se publicaron en *The St Helena Memorial*.

extraordinarios. La prosperidad y el progreso estaban por todas partes. Las nuevas ideas surgían por todas partes, se publicaban y difundían, pues me tomé la molestia de introducir la ciencia entre el pueblo... Si me hubiera dado tiempo, pronto no habrían quedado artesanos en Francia; todos se habrían convertido en artistas."[98]

---

[98] R. McNair Wilson, op. cit. pp. 98-99. El autor visitó la casa en la que Pedro el Grande vivió durante un breve periodo de tiempo en Zaandam, Holanda, en 1697. Napoleón también visitó la casa el 13 de octubre de 1811 y firmó con su nombre en una de las paredes interiores: Napoleón Bonaparte Imperator.

CAPÍTULO IV

UN SIGLO DE LUCHA (1815-1918): LOS ROTHSCHILD CONTRA EL PUEBLO

¿Quién tiene la balanza del mundo?
¿Quién gobierna el congreso monárquico o el liberal?
¿Quién despierta a los patriotas descamisados de España?
(Patriotas que son la comidilla de la vieja Europa).
Quien vierte sobre el viejo y el nuevo mundo la pena o el
¿placer? ¿Quién hace más fluida la política?
¿Quién puede resistirse a la audacia de Bonaparte? - –
El judío Rothschild y su colega cristiano Baring.
                                    - Lord Byron, *Don Juan, Canción Doce*

Bancos centrales en Estados Unidos

C omo se verá en este capítulo, todos los experimentos de Estados Unidos con los bancos centrales han sido desastrosos.

Durante el periodo colonial, las colonias americanas crearon su propio papel moneda. La primera colonia en hacerlo fue Massachusetts en 1691. Pensilvania, Nueva York, Delaware y Maryland no tardaron en unirse a ellos. Llamaban a su dinero el guión colonial o letra de cambio. Este sistema les liberaba del control de los bancos ingleses y les permitía gestionar sus asuntos financieros en un entorno sin inflación y con muy pocos impuestos. En todas las colonias se produjo un crecimiento económico y una gran prosperidad, que no habría sido posible con un sistema bancario privado basado en la usura.

En 1763, el estadista norteamericano Benjamin Franklin

(1706-1790) visitó Londres, donde quedó impactado al ver la miseria y la pobreza generalizada. Cuando el Parlamento británico pidió a Franklin que explicara el origen de la prosperidad de las colonias americanas, éste respondió:

> "Es muy sencillo. En las colonias emitimos nuestra propia moneda. Se llama la nota colonial. La emitimos en proporción a las necesidades del comercio y la industria para facilitar el intercambio de los productores a los consumidores. De este modo, creando nuestro propio dinero, controlamos su poder adquisitivo y no tenemos que pagar intereses a nadie."

Al año siguiente, en 1794, el Banco de Inglaterra introdujo el proyecto de ley sobre la moneda[99], que restringía severamente el derecho de las colonias a emitir su propia moneda y prohibía de hecho su estatus legal para el pago de deudas públicas y privadas. En su lugar, el banco les obligó a emitir letras del tesoro con intereses y a venderlas al Banco de Inglaterra para obtener moneda inglesa a cambio. Posteriormente, sólo se entregó la mitad del dinero. El resultado de este acto fue un colapso en la economía de las colonias y en un año más de la mitad de la población estaba desempleada y en la pobreza. La Ley del Timbre de 1765 aprobada por el Parlamento británico fue la gota que colmó el vaso, pero la abolición del dinero colonial fue la causa principal de la Revolución Americana.

Una de las primeras tareas asignadas al Segundo Congreso Continental, que se reunió por primera vez el

---

[99] 4 Geo. IIIc. p. 34.

10 de mayo de 1775, fue emitir su propia moneda, principalmente para financiar los gastos de guerra. Durante la existencia de la moneda se emitió un total de 241.552.788 dólares. El Banco de Inglaterra se apresuró a responder. Se contrató a cientos de trabajadores y pronto salieron de las prensas millones de dólares en billetes falsos que se enviaron a Nueva York. El dólar continental conservó su principal poder adquisitivo durante los dos primeros años de su emisión, pero una vez que los billetes ingleses falsos empezaron a entrar en circulación, su valor cayó en picado y en 1780 un dólar sólo valía 2,5 céntimos.

Quince años después, en 1790, el Banco de Inglaterra montó una operación similar, empleando a 400 trabajadores en 17 fábricas del centro y el sur de Inglaterra para imprimir *los assignats* que se convirtieron en la moneda de la Francia revolucionaria. *Los Assignats*, que estaban indexados a los patrimonios de los clérigos, circularon con éxito en sus inicios como un medio de cambio eficiente y conveniente. Una parte importante de la deuda pública fue reembolsada. Sin embargo, en 1792, la infusión masiva de billetes falsos pronto hizo que el valor de *las asignaciones se* desplomara, y se produjo un breve periodo de hiperinflación. El 14 de abril de 1803, Napoleón Bonaparte inauguró el franco emitido por el gobierno, que se convirtió en moneda de curso legal en 1808.

El **Primer Banco de los Estados Unidos** construido en Filadelfia en 1795. El principal accionista del banco era **Mayer Amschel Rothschild** (1744-1812)

Ya en 1781, antes de la conclusión de la Guerra de la Independencia, el 11 de abril de 1783, Robert Morris (1734-1806), el Superintendente de Finanzas, promulgó una ley que redujo el nuevo estado a la servidumbre, con la creación del Banco de América del Norte. El banco comenzó a funcionar el 4 de enero de 1782. Atrajo grandes depósitos de oro y plata a cambio de letras de cambio obtenidas mediante préstamos de Francia y los Países Bajos, lo que posteriormente le permitió emitir papel moneda con sus grandes reservas. Entre 1791 y 1796, la inflación ascendió al 72%. En 1795, el estado de Pensilvania se retiró de su jurisdicción debido a la "alarmante influencia extranjera y al falso crédito". [100]

El 25 de febrero de 1791, el Banco de América del Norte fue sucedido por un segundo banco central, que fue

---

[100] T. H. Goddard, *History of Banking Institutions of Europe and the United States*, H. C. Sleight, 1831, pp. 48-50.

presentado como el Primer Banco de los Estados Unidos. Fue impuesta por las intrigas de Alexander Hamilton, [101]el Secretario del Tesoro, cuyas acciones indican que trabajaba mano a mano con los directores del Banco de Inglaterra, ya que modeló el banco sobre este último. El nuevo banco contaba con un capital de 10 millones de dólares, de los cuales el 20% estaba en manos del gobierno estadounidense y el resto se repartía entre inversores privados. El banco contó con la firme oposición de los futuros presidentes John Adams, James Madison y Thomas Jefferson (entonces Secretario de Estado), que posteriormente dijo:

> "Este Banco Central es una institución mortal que va contra todos los principios y la forma de nuestra Constitución... Creo que las instituciones bancarias son más peligrosas para nuestras libertades que los ejércitos amenazantes. Ya han dado lugar a una aristocracia del dinero que desafía al Gobierno. El poder de emisión debe ser arrebatado a los bancos y devuelto al pueblo, al que pertenece por derecho. Si el pueblo estadounidense permite que los bancos controlen la emisión de su dinero, primero mediante la inflación y luego mediante la deflación, los bancos y las corporaciones que florecerán a su alrededor privarán al pueblo de toda propiedad, hasta que sus hijos se queden sin hogar en el continente que sus padres conquistaron." [102]

---

[101] Hamilton nació el 11 de enero de 1755 o 1757 de madre hugonote francesa, Rachel Faucett Levine, en la isla caribeña de Nieves, a la sombra del Monte Sión. Es probable que Hamilton no fuera su verdadero nombre. El autor visitó la isla y el Museo Hamilton.

[102] Carta al mayor John Cartwright, 5 de junio de 1824.

Al año siguiente, el banco organizó la primera crisis conocida como el "Pánico de 1792". Al inundar el mercado con créditos fáciles y luego exigir repentinamente el reembolso de la mayor parte de ellos, el banco sumió a toda la economía en una depresión general. Esto desencadenó la miseria social y la bolsa se desplomó.

A finales de 1795, el banco había prestado al gobierno 6 millones de dólares, es decir, el 60% de su capital. Como el banco estaba supuestamente preocupado por la estabilidad de las finanzas del gobierno, pidió un reembolso parcial de sus préstamos. El gobierno no disponía de los fondos necesarios, por lo que se vio obligado a vender su participación en el banco entre 1796 y 1802. Mediante esta artimaña, el banco pasó a estar bajo pleno control privado, con un 75% de las acciones en manos de extranjeros.

En 1811, el mandato del banco debía renovarse. El banco ocultaba sus beneficios, operaba clandestinamente y era inconstitucional. Había sido diseñado principalmente para servir a los intereses financieros del Norte, en detrimento del desarrollo agrícola del Sur, mientras que los demócratas-republicanos (jeffersonianos) querían abolirlo.

El ex presidente Thomas Jefferson fue uno de los que se "opuso violentamente"[103] a la renovación de la ley. A los legisladores les preocupaba especialmente el hecho de que el banco estuviera ahora al 100% en manos de

---

[103] R. E. Search, *Lincoln Money Martyred*, Omni Publications, Palmdale, California, 1989, (publicado por primera vez en 1935), p. 38.

inversores extranjeros. La prensa calificó la ley de creación del banco central de "gran estafa", "buitre", "víbora" y "cobra". Además, argumentaron que el Congreso tenía el derecho constitucional de regular los pesos y medidas y de emitir monedas. [104] El proyecto de ley fue derrotado por una escasa mayoría de 65 votos contra 64,[105] lo cual fue todo un logro, ya que es muy probable que muchos de los votos a favor fueran comprados. Finalmente, el 3 de marzo de 1811, el banco cerró sus puertas.[106]

Cuando el principal accionista del Primer Banco de los Estados Unidos, Mayer Amschel Rothschild (de nombre real Bauer), se enteró del profundo desacuerdo sobre la renovación de la carta del banco, se enfureció y declaró que "o se acepta la solicitud de renovación de la carta, o los Estados Unidos se verán envueltos en una guerra de lo más desastrosa".[107] También declaró: "Daré una lección a estos insolentes estadounidenses y los haré volver a la etapa colonial. Rothschild trató de influir en el primer ministro británico Spencer Percival para que declarara la guerra a Estados Unidos con el fin de recuperar su banco central privado.

En 1807, Percival se incorporó al gabinete como Canciller de Hacienda. En esa época, Inglaterra estaba en

---

[104] Ibid, pp. 38-39.

[105] Constitución de los Estados Unidos, Artículo I, Sección 8, Cláusula 5.

[106] http://eh.net/encyclopedia/the-first-bank-of-the-united-states/

[107] www.armchairgeneral.com/forums/showthread.hp%3Ft%3DA109776

guerra con Francia y una de sus principales actividades era recaudar dinero para financiar las hostilidades. En lugar de aumentar los impuestos, Percival pidió numerosos préstamos, inicialmente al Banco Barings y más tarde principalmente a los Rothschild. El secretario de Percival era John Charles Herries, que había sido nombrado para este cargo cinco años antes. Herries[108] era íntimo de Nathan Rothschild y, hasta su muerte en 1858, sirvió fielmente a la causa Rothschild en sus diversos cargos en el gobierno británico, como Primer Lord del Tesoro, Comisario General del Ejército y luego Canciller del Tesoro.

Mientras tanto, los *agentes provocadores*[109] de Rothschild difundían el descontento en Norteamérica. Para provocar a los estadounidenses, los británicos comenzaron a interferir en el comercio de Estados Unidos con Francia, que a su vez había impuesto un bloqueo comercial contra Inglaterra. Como la Royal Navy estaba escasa de marineros, se dedicó a alistar forzosamente a marineros estadounidenses. También suministraron armas a las tribus indias, en particular al jefe chaouanon Tecumseh, para frenar y restringir la expansión hacia el oeste de los pioneros. Los estadounidenses, por su parte, mostraron su deseo de apoderarse de parte de Canadá.

Al mismo tiempo, Percival se enfrentaba a la creciente presión de Nathan Rothschild para que declarara la guerra a Estados Unidos. Se negó. El ejército británico

---

[108] N. Ferguson, *The House of Rothschild, Money's Prophets 1798-1848*, Vol. 1, Penguin Books, Londres, 1999, p. 86.

[109] N.D.T.: en francés en el texto.

ya estaba sumido en una situación desesperada en España y Portugal (La Guerra de la Independencia Española 1808-1814), luchando con las fuerzas de Napoleón, por lo que no tenía ningún deseo de involucrar a más tropas y recursos, todo ello financiado por más préstamos bancarios con intereses, sólo para preservar los intereses bancarios de Rothschild en declive en América.

John Bellingham, el asesino de Spencer Percival, nació alrededor de 1769 en St Neots, Huntingdonshire. De 1800 a 1802 trabajó en Archangelsk como agente de importación y exportación. Regresó a Rusia en 1804, y en noviembre de ese año fue acusado falsamente de impago de una deuda de 4.890 rublos, lo que le llevó a la cárcel durante cuatro años. Al ser liberado, Bellingham se trasladó a Duke Street, en Liverpool. Solicitó sin éxito una indemnización al gobierno.

Este hombre amargado y agraviado se encontró en compañía de dos comerciantes, Thomas Wilson, un estadounidense, y Elisha Peck[110], un judío estadounidense, que estaban a favor de derogar el decreto que prohibía a las naciones neutrales comerciar con Francia. Este decreto había sido emitido por Percival en respuesta al Bloqueo Continental de Napoleón, que había instituido en 1806, y prohibía el comercio entre Inglaterra e Irlanda. Su perpetuación iba a ser debatida en el Parlamento aquella fatídica tarde. Vemos una convergencia de intereses, un hombre perturbado y resentido, dos mercaderes codiciosos y el titiritero Rothschild moviendo los hilos entre bastidores.

---

[110]   http://guardian.com/books/2012/may/11/why-spencer-perceval-androlinklater-review.

El 11 de mayo de 1812, a las 17.15 horas, cuando Percival entraba en el salón de la Cámara de los Comunes, Bellingham se adelantó y le disparó a bocajarro en el corazón. Percival se derrumbó murmurando: "Asesinato... ¡Oh, Dios mío![111] Luego murió en cuestión de minutos. Cuatro días después, Bellingham fue juzgado en Old Bailey. El juicio duró tres días. Se rechazó el alegato de locura. La brevedad del juicio se debió probablemente a la necesidad de evitar cualquier revelación desagradable. Como es habitual en este tipo de asesinatos políticos, hay que preservar a toda costa la teoría del "asesino solitario". El 18 de mayo de 1812 Bellingham fue ahorcado.

El asesinato del primer ministro británico **Spencer Percival** por el asesino de Rothschild, John Bellingham.

Unas semanas después del asesinato de Perceval, se revocó el decreto que prohibía a las naciones comerciar

---

[111] M. Gillen, *Assassination of the Prime Minister: the shocking death of Spencer Perceval*, Sidgwick & Jackson, Londres, 1972, p. 185.

con Francia.

En la Cámara de Representantes de los Estados Unidos, Henry Clay, que era masón, lideraba un grupo de jóvenes demócratas-republicanos conocidos como los Halcones de la Guerra. La votación para la declaración de guerra se decidió el [1 de] junio de 1812 por 79 votos a favor y 49 en contra, y los 39 federalistas se negaron a apoyar el proyecto. En el Senado, la votación fue de 19 a 13 a favor. Como no había unanimidad, los críticos solían referirse a esta oposición como "la guerra del señor Madison".

En Inglaterra, el sucesor de Percival, Lord Liverpool, fue un entusiasta partidario de la guerra. Sin embargo, ninguno de los beligerantes consiguió sus objetivos, excepto Nathan Rothschild, que realizó su plan de crear el Segundo Banco de los Estados Unidos el 10 de abril de 1816. Cuando las hostilidades cesaron más de dos años después, el 24 de agosto de 1814, se habían producido más de 24.000 bajas. La guerra fue muy costosa para Estados Unidos en términos financieros. El resultado fue una enorme deuda de guerra de 105 millones de dólares, frente a una población de apenas ocho millones de habitantes en ese momento. El resultado fue un aumento del 182% de la deuda nacional, de 45 millones de dólares en 1812 a 127 millones en 1815. La paz se firmó en Gante, Bélgica, el 24 de diciembre de 1814.

El Segundo Banco de los Estados Unidos tenía un capital ampliado de 35 millones de dólares. El banco estableció inmediatamente un gran número de sucursales bancarias para prestar dinero fiduciario a interés compuesto. En 1822, el presidente James Monroe nombró a Nicholas Biddle presidente del banco.

Biddle ya había establecido contacto con los Rothschild durante una visita del gobierno a París en 1804, cuando era secretario del delegado ministerial estadounidense en Francia, John Armstrong. Como presidente del banco, actuó como segundo al mando de James de Rothschild, que era el principal inversor del banco.[112]

El "presidente del pueblo", **Andrew Jackson**, que sobrevivió a un intento de asesinato antes de vetar un proyecto de ley que habría autorizado la renovación de la carta del Segundo Banco de los Estados Unidos, propiedad de los

[112] Patrick Carmack, Bill Still, *The Money Masters: How International Bankers Gained Control of America* (Video, 1998), texto aquí: http://users.cyberone.com.au/myers/money-masters.html

Rothschild.

La recesión económica inducida artificialmente en 1819-1821 fue muy rentable para los banqueros, ya que pudieron comprar bienes a precios de saldo, lo que acabó convenciendo al líder demócrata, Andrew Jackson, de que la única manera de poner fin a los abusos era cerrar el banco central. Durante su campaña de reelección en 1832, declaró: "el monstruo debe perecer" [113]y su principal eslogan fue: "VOTAD A ANDREW JACKSON - NO A LA BANCA". Declaró: "Si el Congreso tiene el derecho por la Constitución de emitir papel moneda, debe usarlo para sí mismo y no delegar esta prerrogativa vital a individuos o corporaciones. [114]También declaró: "Si el pueblo estadounidense comprendiera el nivel de injusticia de nuestro sistema bancario y monetario, habría una revolución antes de mañana.

A pesar de un intento de asesinato, el 30 de enero de 1835, por parte de un agente de Rothschild, Richard Lawrence; cuando la carta de 20 años del Segundo Banco de los Estados Unidos se presentó para su renovación en 1836, Jackson hizo quebrar el banco retirando todos los depósitos del gobierno. Rápidamente pagó la totalidad de la deuda nacional, dejando un superávit de 50 millones de dólares en el Tesoro. El banco central fue sustituido por un sistema de tesorería independiente basado en el papel moneda y el efectivo recuperable.

Durante el mandato de John Tyler (1841-1845), el

---

[113] R. V. Remini, *Andrew Jackson*, Twyne Publishers Inc, Nueva York, 1966, p. 158.

[114] R. E. Search, op. cit. p. 43.

Congreso realizó dos intentos, con el apoyo del antiguo presidente de la Cámara de Representantes, Henry Clay, para renovar la carta del Banco de los Estados Unidos. Clay, que se había convertido en Gran Maestro de la Logia de Kentucky,[115] era otro reputado agente de la influencia de Rothschild. Tyler vetó ambos planes y posteriormente fue inundado con cientos de cartas amenazando su vida. [116]

Durante los siguientes 77 años, Estados Unidos se desarrolló sin necesidad de un banco central. Sus medios de cambio se basaban principalmente en los billetes del Tesoro sin deuda ni intereses, el dólar "billete verde[117]", utilizado por primera vez por el presidente Abraham Lincoln en 1862 para financiar sus gastos militares durante la Guerra Civil, y las monedas de oro y plata[118] (hasta 1873, el oro y la plata podían acuñarse gratuitamente en forma de moneda en cualquier ceca estadounidense). Después de rechazar las ofertas de los banqueros privados para prestar dinero al gobierno de los EE.UU. a tipos de interés que oscilaban entre el 24% y

---

[115] Para un estudio de la masonería, véase J. Robison: *Proof of a Conspiracy against all the Religions and Governments of Europe, carried on in the Secret Meetings of Freemasons, Illuminati, and Reading Societies, collected from Good Authorities*, Western Islands, Belmont, Massachusetts, 1967, (first published in 1798), p. 304

[116] O. P. Chitwood, *John Tyler Champion of the Old South*, Russell & Russell, 1964, (publicado por primera vez en 1939), pp. 249-251.

[117] El gobierno confederado emitió su propio dinero sin deuda y sin intereses, llamado graybacks. Sin embargo, tuvieron menos éxito, ya que el gobierno de la Unión produjo una gran cantidad de dinero falso.

[118] *R. E. Search op. cit. p. 67.*

el 36% anual,[119] Lincoln, por consejo de su amigo el coronel Dick Taylor[120], hizo emitir 347 millones de dólares en monedas, sin más coste para el pueblo estadounidense que el de la impresión y la distribución. La desconfianza de Lincoln hacia Lionel Rothschild y su tío James condujo a su asesinato en la noche del 15 de abril de 1865 por John Wilkes Booth[121] (de nombre real Botha) a instancias del agente local de Rothschild, Rothberg.

La Guerra Civil estadounidense (1861-1865) dejó al gobierno de Estados Unidos con una deuda de 5.000 millones de dólares. Debido a la inflación, estos billetes sólo valían 2.500 millones de dólares. El agente de Rothschild, Augustus Belmont[122], compró una gran cantidad de estos bonos con la esperanza de realizarlos por su valor nominal en oro. En las elecciones presidenciales de 1868, el candidato demócrata, George H. Pendleton, se comprometió a pagar sólo en papel moneda. Pronto fue sustituido por Horatio Seymour a iniciativa de Belmont, que había asumido la dirección del Comité Nacional Demócrata en 1860. Seymour prometió un pago en efectivo. Sin embargo, cuando la Convención aprobó una resolución a favor del periódico, Belmont se

---

[119] *Appleton Cyclopedia*, 1861, p. 286.

[120] En una carta escrita el 16 de diciembre de 1864, Lincoln agradeció al coronel Taylor su maravillosa idea. Véase el apéndice.

[121] R. E. Search, op. cit. p.114-131. Se sabe que Booth hablaba la "lengua hebrea" y que asistía con frecuencia a los servicios de la sinagoga.

[122] Nació en Schönberg, en Alzey, Alemania. Véase también N. Ferguson, *The House of Rothschild, Money's Prophets 1798-1848*, Vol. 1, Penguin Books, Londres, 1999, pp. 370-375.

vio obligado a cambiar de bando y apoyar posteriormente al candidato republicano, el general Ulysses S. Grant, y utilizar su influencia. Grant, y utilizar sus acciones en el *New York World* para denigrar y minar las posibilidades de elección de Seymour. Grant ganó la presidencia y, al asumir el cargo en 1869, introdujo rápidamente la Ley de Crédito Público, que dispuso el reembolso del valor nominal de 5.000 millones de dólares en letras del tesoro en oro. Esto permitió a Rothschild y sus socios obtener un beneficio del 100%.

El patrón plata fue abolido y sustituido por el patrón oro con la Ley de la Moneda de 1873. El 17 de enero de 1873, esta ley fue aprobada por el Senado. Según el testimonio jurado del Sr. Frederick A. Luckenbach, fechado el 9 de mayo de 1892, se había enterado por el Sr. Ernest Seyd, en Londres, de que la desmonetización de la plata estadounidense había sido ordenada expresamente por los gobernadores del Banco de Inglaterra, quienes además habían pagado 100.000 libras esterlinas (500.000 dólares) para sobornar a un número suficiente de miembros del Congreso de los Estados Unidos relacionados con asuntos financieros.[123] Este acto infame

---

[123] Ibid, pp. 66-68. Este acontecimiento fue descrito posteriormente en una novela de W. H. Harvey, Coin Publishing Company, 1894. "El corazón de la conspiración reside en el hecho de que los banqueros de Londres, que eran judíos, habían resuelto destruir a los Estados Unidos mediante la manipulación monetaria. En *"Historia de dos naciones"*, la historia se presenta como un melodrama en el que la araña protagonista es B. Rothe, un nombre cuyo significado se encuentra en el nombre de un judío. Rothe, un nombre cuyo significado no se perdió en una generación que había oído muchas cosas sobre las fechorías de los Rothschild. Para su propio beneficio personal, Rothe decide que para evitar que Estados Unidos se fortalezca financieramente, debe provocar la desmonetización de la

se conoce como el "Crimen de 1873".

El abandono forzoso de la moneda de plata del pueblo también se organizó en el Imperio Alemán, cuando el gobierno dejó inexplicablemente de acuñar monedas de *tálero* de plata en 1871. No cabe duda de que se trataba de un plan sincronizado y coordinado por los Rothschild, para consolidar aún más el patrón oro.[124]

El patrón oro causó estragos en la economía estadounidense y permitió a los banqueros privados denegar préstamos y restringir la oferta monetaria a voluntad. Siguieron una serie de pánicos y corridas bancarias anormales en 1873, 1884, 1890-91, 1893-94, 1897 y 1903 y 1907.[125] Estos pánicos bancarios generados artificialmente enfurecieron tanto al presidente James Abram Garfield que, poco después de tomar posesión de su cargo el 4 de marzo de 1881, emitió una declaración a mediados de junio de ese año en la que explicaba su intención de abordar el problema:

"Aquel que controla la oferta monetaria de un país

---

plata." R. Gollam, *The Commonwealth Bank of Australia: Origins and Early History*, Australian National University Press, Canberra, 1968, pp. 45-46.

[124] Ver : *Official Proceedings of the Democratic National Convention*, held at Chicago, Illinois, July 7, 8, 9, 10, and 11, 1896, (Logansport, Indiana, 1896), pp. 226-234 donde el ex congresista William Jennings Bryan pronunció su famoso discurso de *la Cruz de Oro*: "... Responderemos a su demanda de un patrón oro diciendo, no podéis clavar sobre la frente del trabajo esta corona de espinas. No debes crucificar a la humanidad en una cruz de oro.

[125] C. A. Lindbergh, *The Economic Pinch (Lindbergh on the Federal Reserve)*, The Noontide Press, Costa Mesa, California, 1989, (publicado por primera vez en 1923), pp. 93-94.

es el amo absoluto de toda la industria y el comercio... Y cuando te das cuenta de que todo el sistema es muy fácilmente controlado, de una manera u otra, por una minoría de hombres poderosos en la cima, nadie necesita decirte de dónde vienen los períodos de inflación y depresión."[126]

El presidente **James Abram Garfield** (a la derecha), abatido por un "asesino solitario", Charles J. Guiteau, en la estación central de Washington el 2 de julio de 1881. En el centro está el Secretario de Estado, James Blaine.

Dos semanas más tarde, Garfield fue abatido por un "asesino solitario", Charles J. Guiteau, que posteriormente justificó su acción por un agravio por un ascenso a un puesto diplomático. Garfield no murió inmediatamente, sino como resultado de un tratamiento médico inadecuado, muy probablemente deliberado;

---

[126] E. H. Brown, *The Web of Debt, The Shocking Truth About Our Money System and How We Can Break Free*, Third Millennium Press, Baton Rouge, Louisiana, 2008, p. 96.

yacía moribundo el 19 de septiembre de 1881. En su juicio, la mano oculta de Rothschild se reveló cuando Guiteau exclamó que "hombres importantes de Europa le habían encomendado esta tarea y habían prometido protegerle si alguna vez le pillaban."[127]

El pánico de 1907 tuvo los peores efectos. A principios de 1907, Jacob Schiff, director general de Kuhn, Loeb & Co. advirtió: "A menos que tengamos un Banco Central que ejerza un control crediticio adecuado, este país experimentará el pánico monetario más grave que la historia haya visto jamás".[128] En octubre del mismo año, J. P. Morgan, otro testaferro de Rothschild, provocó el pánico al difundir el rumor de que su rival, el Knickerbocker Bank and Trust Co. era insolvente. En el subsiguiente desplome, las acciones perdieron el 50% de su valor en la Bolsa de Nueva York. Las consecuencias de este pánico deliberado fueron una caída del 11% de la producción industrial al año siguiente, un aumento del 26% de las importaciones y una explosión del desempleo del 3% al 8%. Fueron estas continuas fases de auge y caída, de inflación y deflación, las que proporcionaron la motivación y el pretexto para la creación de un banco central, que supuestamente resolvería todos estos problemas de una vez por todas.

La creación del Banco de la Reserva Federal de Estados Unidos

Para engañar al público, se presentaron dos

---

[127] http://en.wikipedia.org/wiki/James_A._Garfield

[128] Discurso pronunciado ante la Cámara de Comercio de Nueva York.

"alternativas". Uno de ellos fue defendido por la Comisión Monetaria Nacional bajo la dirección del senador Nelson Aldrich (el abuelo de Nelson Aldrich Rockefeller), conocido como el Plan Aldrich. La otra solución adoptada por el Comité Monetario Especial de la Cámara de Comercio de Nueva York estaba bajo la dirección de Paul Warburg, un banquero judío-alemán, que actuaba en nombre de los intereses de Rothschild, en la persona del barón Alfred Rothschild. Se conoce como el Plan Wall Street. Aparte de la distribución de las reservas, los dos planes eran idénticos en todos los aspectos y no tenían otro objetivo que la creación de un banco central de reserva.

El 22 de noviembre de 1910, los banqueros conspiradores, entre los que se encontraban: A. Piatt, subsecretario del Tesoro, Frank Vanderlip, presidente del National City Bank de Nueva York, Henry P. Davidson, socio principal de JP Morgan and Co, Charles D. Norton, presidente del First National Bank de Nueva York, Benjamin Strong, vicepresidente del Bankers Trust de Nueva York, y Paul Moritz Warburg, socio de Kuhn, Loeb & Co. salieron sigilosamente de Nueva York en el vagón Pullman de Aldrich (con todas las persianas bajadas), desde Hoboken, la estación de tren de Nueva Jersey, con destino a Jekyll Island, Georgia[129] El destino del pueblo estadounidense se determinaría en los próximos diez días en el exclusivo Club de Caza de la Isla Jekyll, propiedad de JP Morgan, por este grupo de financieros con mentalidad criminal que se autodenominan el Club del Primer Nombre. De hecho,

---

[129] H. S. Kenan, *The Federal Reserve Bank*, The Noontide Press, Los Ángeles, 1968, pp. 92-99.

sólo se utilizaron los nombres de pila para no revelar su identidad a los empleados.[130]

En la Cámara de Representantes, el sueco-estadounidense **Charles August Lindbergh** atacó la Ley Bancaria y Monetaria como "el mayor crimen legislativo de todos los tiempos".

El proyecto de ley para establecer el Banco de la Reserva Federal de los Estados Unidos contó con la vehemente oposición del congresista Charles Augustus Lindbergh, quien dijo:

---

[130] Ibid, p. 104.

"Esta Ley establece el monopolio más gigantesco de la tierra, uno de los que la Ley Antimonopolio de Sherman disolvería si el Congreso no hubiera creado expresamente mediante esa Ley, lo que esa legislación prohibía. Cuando el Presidente firme esta ley, se legalizará el gobierno invisible del poder del dinero, cuya existencia fue probada por la investigación del Pujo. El mayor crimen del Congreso es su sistema monetario. Esta nueva ley bancaria y monetaria es el mayor crimen legislativo de todos los tiempos".[131]

La ley también contó con la firme oposición en el Senado del senador Robert M. La Follette, uno de sus "más firmes opositores".[132] No obstante, se aprobó el 23 de diciembre de 1913, después de que los miembros del Senado fueran amenazados por el desprestigiado presidente Woodrow Wilson, "tan poco ético y sin principios como moral",[133] para que permanecieran en sesión hasta que se aprobara el proyecto de ley, negándoles el receso de Navidad. Sólo una minoría de 43 senadores votó a favor del proyecto, con 25 votos en contra, 27 abstenciones y 5 miembros ausentes. Los patrocinadores del proyecto de ley prometieron que el dólar estadounidense se convertiría en una moneda estable y que los ciclos recesivos serían cosa del pasado.

---

[131] *El Senado*, Vol. 51, noviembre de 1912.

[132] E. M. Josephson, *The "Federal" Reserve Conspiracy & Rockefellers*, Chedney Press, Nueva York, 1968, p. 52.

[133] Ibid, p. 43. El presidente Wilson fue víctima de un chantaje judío. Véase M. C. Piper, *The Making of Woodrow Wilson - An American Hero? The Barnes Review*, Washington D.C., Vol. VI, n° 2, marzo/abril de 2000, pp. 6-12.

En este sentido, desde la creación del Banco de la Reserva Federal de EE.UU. en 1914, el dólar estadounidense ha perdido el 97% de su poder adquisitivo y el país ha experimentado 19 recesiones, la Gran Depresión de los años 30, y la actual Gran Depresión iniciada en 2008, que a pesar de la propaganda difundida por los medios de comunicación oficiales, presenta todos los síntomas de una depresión. Desde 1910, la deuda nacional ha pasado de 2,65 billones de dólares a 17,5 billones en 2014, mientras que los pasivos no financiados superan los 240 billones.[134]

En lugar de funcionar como el banquero del pueblo para los banqueros del pueblo, el Banco de la Reserva Federal de EE.UU. ha llevado a cabo sus operaciones como un banco privado para todo el beneficio de los banqueros privados. El hecho de que en sus 100 años de historia sus cuentas nunca hayan sido sometidas a una auditoría pública no es sorprendente.[135]

La siguiente lista muestra los principales accionistas del banco:[136]

---

[134] http://www.thecommonsenseshow.com/2014/08/05/the-statistics-do-not-lie-welfare-is-the-best-paying-entry-level-job-in-35-states/

[135] El 25 de julio de 2012, el congresista Ron Paul (republicano de Texas) presentó una propuesta de auditoría pública que fue aprobada por 327 votos a favor y 98 en contra. Como señaló en su momento: "Creo que el hecho de que ellos [la Reserva Federal] puedan manejar billones de dólares y sepan que nadie puede hacerles preguntas, es un riesgo moral. Esta propuesta está diseñada para eliminar ese riesgo moral. *USA Today*, en la sección de política.

[136] La Casa Rothschild es actualmente el accionista mayoritario, con el 58% de las acciones. Véase E. Mullins, *The Secrets of the Federal Reserve*, Back to Basics.

Los bancos Rothschild de Londres y París
Banco Lazard Brothers de París
El Banco Israel Moses Sieff de Italia
Los bancos Warburg de Hamburgo y Ámsterdam
Shearson American Express Bank
Goldman Sachs Banco de Nueva York
Banco JP Morgan Chase[137]

El senador **Robert Marion** "Fighting Bob" **La Folette**, que hizo todo lo posible para impedir la aprobación de la Ley de Bancos y Moneda y su

---

[137] El 20 de junio de 1992, JP Morgan adquirió el Manufacturers Hanover Trust y sus acciones de la Reserva Federal.

planificada esclavización del pueblo estadounidense.

El Banco Estatal del Imperio Ruso

El **Banco Estatal** del Imperio Ruso en el 12 de Nelinnaya, Moscú. El mismo edificio alberga ahora el Banco Central de la Federación Rusa.

Mientras tanto, al otro lado del Atlántico, se había adoptado un sistema financiero diferente, el Banco del Estado. De septiembre de 1814 a junio de 1815 se celebró el Congreso de Viena para resolver las cuestiones derivadas de las guerras revolucionarias francesas, las guerras napoleónicas y la disolución del Sacro Imperio Romano Germánico. Entre bastidores, Nathan Mayer Rothschild propuso la formación de un nuevo orden mundial concentrado en torno a sus bancos centrales. Todas las grandes potencias, excepto Rusia, estaban endeudadas con los bancos Rothschild. El zar Alejandro I (1801-1825) se negó a seguir el malvado plan de los Rothschild y lo desbarató. En su lugar, estableció la Santa Alianza entre Austria, Prusia y Rusia, que fue firmada el 26 de septiembre de 1815 por el emperador Francisco I de Austria, el rey Federico Guillermo III de Prusia y el zar Alejandro. También rechazó la oferta de Rothschild de establecer un banco central en Rusia. La historia no dice si no confiaba en este banquero en la sombra, o si simplemente era consciente de los peligros del sistema bancario central, pero sabiamente declinó la petición. Sin embargo, este comportamiento cauteloso provocó la ira vengativa e implacable de los Rothschild, quienes, según el general de división Conde Cherep-Spiridovich[138], provocaron el asesinato de los últimos cinco zares y cobraron su venganza talmúdica 102 años después de forma espectacular.

El 12 de junio de 1860 se fundó el Banco Estatal del Imperio[139] Ruso con el objetivo de estimular los ingresos comerciales y fortalecer el sistema monetario. Hasta 1894, sólo era una institución auxiliar bajo el control directo del Ministerio de Hacienda. En ese año, se transformó en un banco de banqueros y se convirtió en el instrumento de la política económica del gobierno. Acuñaba e imprimía las monedas y billetes de la nación, regulaba la oferta monetaria y, a través de la red de bancos comerciales, proporcionaba créditos a bajo interés a la industria y el comercio. Sus vastas reservas de oro, las mayores del mundo, superaban el valor de los billetes emitidos en más de un 100%, excepto en el año

---

[138] General de División. El Conde A. Cherep-Spiridovich, *The Secret World Government or "The Hidden Hand"*, The Anti-Bolshevist Publishing Association, Nueva York, 1926, p. 41. Ninguno de estos zares llegó a la edad media. Su vida media era de 53 años. Véase también S. Goodson, The Murder of the Tsars: The Rothschild Connection, *The Barnes Review*, Washington D.C., Vol. XX, No. 5, septiembre/octubre de 2014, pp. 38-40.

[139] A. Del Mar, *Money and Civilization: Or a History of the Monetary Laws and Systems of Various States Since the Dark Ages, and their Influence upon Civilization*, Omnia Publications, Hawthorne, California, 1975 (publicado por primera vez en 1886), p. 313.

1906. En 1914, se había convertido en una de las instituciones de crédito más influyentes de Europa.[140] No es de extrañar que Rusia tenga la menor deuda nacional del mundo. La siguiente tabla refleja el importe de la deuda en rublos per cápita de cada país.

Francia	Gran Bretaña	Alemania	Rusia
288.0	169.8	135.6	58.7

En 1914, el 83% de los intereses y de la amortización de la deuda nacional, de la que menos del 2% estaba en manos de extranjeros, se financiaba con los beneficios de los ferrocarriles públicos rusos. En 1916, la longitud total de las líneas principales era de 100.817 verstas o kilómetros. El tonelaje mercantil ruso ascendió a 11.130.000 en 1910, superando el tonelaje mercantil británico de 10.750.000.

En 1861, el zar Alejandro II (1855-1881)[141] abolió la servidumbre, que entonces afectaba al 30% de la población. En 1914, quedaba muy poca tierra en manos de los terratenientes rusos, que eran principalmente de la nobleza. El 80% de la tierra cultivable estaba en manos de los campesinos, a quienes se les había entregado por una suma muy pequeña. Esta tierra estaba en manos de la comuna del pueblo, el *mir*. Sin embargo, tras la ley de

---

[140] Banco Estatal del Imperio Ruso, Banco Central de la Federación Rusa, calle Neglinnaya 12, Moscú 107016.

[141] El 13 de marzo de 1881, el zar Alejandro II fue asesinado en San Petersburgo por miembros de una organización terrorista judía, *Narodnaya Volya* (La voluntad del pueblo).

Stolypin [142]de 1906, los campesinos podían obtener títulos de propiedad con derechos de herencia. En 1913, dos millones de familias aprovecharon esta oportunidad para adquirir lo que se conoció como las Granjas Stolypin. El Comité de Tierras asignó unas 7.689.027 hectáreas a estos campesinos propietarios.[143] El Banco Estatal de Campesinos, que en su momento fue descrito como "la institución de adquisición de tierras más beneficiosa para la sociedad del mundo",[144] concedía préstamos a bajo interés, que en realidad no eran más que comisiones de gestión. Entre 1901 y 1912, estos préstamos pasaron de 222 millones de rublos a 1.168 millones de rublos. La producción agrícola se disparó, hasta el punto de que en 1913 Rusia se había convertido en el granero del mundo, como muestra la siguiente tabla.

	Producción mundial	Producción rusa	%
Cebada	1,771.4	750.04	42.3
Avena	3,324.6	1,087.00	30.3

---

[142] Pyotr Arkadyevich Stolypin (1862-1911) fue el Primer Ministro de Rusia de 1906 a 1911. El 18 de septiembre de 1911 fue asesinado por un terrorista judío, Dmitri Bogrov (nombre real: Mordechai Gershkovich).

[143] G. Buchanan, *My Mission to Russia and Other Diplomatic Memories*, Cassell and Company Limited, Londres, 1923, p. 161.

[144] G. Knupffer, *The Struggle for World Power, Revolution and Counter-Revolution*, The Plain-Speaker Publishing Company, Londres, 1971, p. 230.

Centeno	2,378.0	1,593.00	67.0
Trigo	4,971.4	1,554.80	31.2

La producción rusa de cereales superó en un 25% las cosechas combinadas de Argentina, Canadá y Estados Unidos. En 1913, Rusia tenía 37,5 millones de caballos, más de la mitad de la población equina mundial. También producía el 80% del lino mundial y suministraba más del 50% de las importaciones de huevos del mundo. La minería y la producción industrial también generaron enormes márgenes. Entre 1885 y 1913, la producción de carbón pasó de 259,6 millones de nudos [145] a 2.159 millones de nudos, la producción de arrabio pasó de 25 millones de nudos en 1890 a 1.378 millones de nudos en 1913 y la producción de petróleo pasó de 491,2 millones de nudos en 1906 a 602,1 millones de nudos en 1916. De 1870 a 1914, la producción industrial anual en Gran Bretaña creció un 1%, frente al 2,75% de Estados Unidos y el 3,5% de Rusia. En el periodo de 1890 a 1913, la actividad industrial se cuadruplicó y la producción rusa fue capaz de satisfacer el 80% de la demanda interna de productos manufacturados: un ejemplo perfecto de autarquía económica. A lo largo de los últimos 20 años de gobierno imperial pacífico (1895-1914) el Producto Interior Bruto creció a un ritmo medio del 10% anual.

Con el Banco Estatal Ruso creando el dinero del pueblo de la nada a casi un 0% de interés; a diferencia del resto del mundo donde los parasitarios bancos centrales privados crean el dinero de sus respectivas naciones

---

[145] 1 pud = 16,38 kg

cobrando ruinosos intereses usureros, no es de extrañar que Rusia en 1912 fuera la nación con la tasa impositiva más baja del mundo. Estos bajísimos impuestos también atestiguan el nivel de eficiencia del gobierno ruso de la época. Además, durante todo este periodo de banca estatal, no hubo inflación ni desempleo.

Impuestos directos en rublos per cápita

	Impuestos estatales %	Impuestos locales %	Total %
Gran Bretaña	10.01	16.74	26.75
Alemania	5.45	7.52	12.97
Francia	6.44	5.91	12.35
Austria	5.12	5.07	10.19
Rusia	1.28	1.38	2.66

Impuestos indirectos en rublos per cápita

	Impuestos estatales %	Impuestos locales %	Total %
Gran Bretaña	13.86	-	13.86
Alemania	9.31	0.33	9.64
Francia	13.11	2.89	16.00

Austria	9.9	1.38	11.28
Rusia	5.95	0.03	5.98

Entre 1897 y 1913, los ingresos del Estado aumentaron de 1.400 millones de rublos oro a 3.471 millones de rublos oro.[146] En 1914, el superávit presupuestario ascendió a 512 millones de rublos de oro, sin aumento de impuestos. A lo largo del mismo periodo, la balanza comercial exterior fue excedentaria. Podemos medir la salud financiera de la economía rusa observando el cuadro comparativo de las reservas de oro que figura a continuación.

Reservas de oro

	Oro	Billetes de banco
Banco Estatal del Imperio Ruso	1,550	1,494
Banque de France (banco central)	1,193	2,196
Reichsbank (banco central)	411	930
Banco de Inglaterra (banco central)	331	263

Un estudio independiente realizado por científicos

---

[146] 1 rublo = dos chelines de oro; 9,4 rublos = 1 libra.

forenses británicos concluyó que el Código de Leyes y el sistema judicial rusos eran "los más avanzados e imparciales del mundo".[147]

Su Majestad Imperial, el Zar **Nicolás II**. Su Banco Estatal del Imperio Ruso

[147] G. Knupffer, op. cit. pp. 139-140.

confirió a su pueblo una abundancia sin precedentes en la historia de la humanidad.

La educación primaria era obligatoria y gratuita hasta el nivel universitario, donde sólo se cobraban las tasas de matrícula. Entre 1906 y 1914 se abrieron 10.000 escuelas al año. Las universidades rusas eran conocidas en todo el mundo por su alto nivel académico.

Los rusos fueron pioneros en derecho laboral. El trabajo infantil fue abolido más de 100 años antes que en Gran Bretaña, en 1867. Rusia fue el primer país industrializado que aprobó leyes que limitaban la jornada laboral en las fábricas y minas. Las huelgas, prohibidas en la Unión Soviética, estaban permitidas pero no eran habituales en la época del zar. Los derechos sindicales se reconocieron en 1906, mientras que una inspección laboral controlaba estrictamente las condiciones de trabajo en las fábricas. En 1912 se introdujo el seguro social. La legislación laboral era tan avanzada y humana que el Presidente de los Estados Unidos, William Taft, declaró: "El Emperador de Rusia ha promulgado una legislación laboral más cercana a la perfección que la de cualquier país democrático.[148]

Las personas de distintas razas que vivían en el Imperio Ruso disfrutaban de una igualdad de estatus y oportunidades sin parangón en el mundo moderno. Su Majestad Imperial, el zar Nicolás II (1894-1917) y su banco estatal crearon un paraíso obrero sin parangón en la historia de la humanidad.

El 7 de noviembre de 1917, los Rothschild, temiendo que una réplica de este extraordinario modelo de libertad y

---

[148] Ibid, p. 142.

prosperidad pusiera en peligro su malvado imperio bancario, provocaron y financiaron una revolución judeo-bolchevique en Rusia,[149] que asoló y arruinó un maravilloso país y causó la muerte por asesinato y hambre de -según Aleksandr Solzhenitsyn- 66 millones de inocentes.[150]

Cómo los Rothschild crearon y controlaron la Unión Soviética

En su libro *Wall Street y la revolución bolchevique*[151], el autor y profesor Antony Sutton, utilizando documentos del Departamento de Estado y de los archivos de los

---

[149] Winston Churchil, *Zionism vs. Bolshevism, A Struggle for the Soul of the Jewish People, Sunday Illustrated Herald*, 8 de febrero de 1920. Churchill definió la revolución como: "una conspiración mundial para el derrocamiento de la civilización y para la reconstitución de la sociedad sobre la base de un desarrollo detenido, una envidia malévola y una igualdad imposible, [...] que ha ido creciendo constantemente... Ha sido el eje de todos los movimientos subversivos durante el siglo XIX; y ahora esta banda de extraordinarias personalidades procedentes de los bajos fondos de las grandes ciudades de Europa y América han agarrado al pueblo ruso por los pelos y se han convertido prácticamente en los amos indiscutibles de este enorme imperio. »

[150] Según el historiador suizo Jürgen Graf, Solzhenitsyn recurrió a un estadístico que cifró el número de muertos en 66 millones. En *The American Hebrew Magazine* del 10 de septiembre de 1920, declaró: "La revolución bolchevique en Rusia fue obra de la planificación y el descontento judíos. Nuestro plan es establecer un Nuevo Orden Mundial. Lo que ha funcionado tan maravillosamente en Rusia será una realidad para todo el mundo.

[151] A. C. Sutton, *Wall Street and the Bolshevik Revolution*, Arlington House Publishers, New Rochelle, Nueva York, 1981.

banqueros internacionales estadounidenses, detalla la "entusiasta alianza entre Wall Street y el socialismo marxista"[152] sin el vital apoyo financiero de la J.P. Morgan Guaranty Trust Company, el Chase National Bank de John D. Rockefeller, la Kuhn Loeb and Company de Jacob Schiff y el Nya Banken[153] sueco de Olof Aschberg, la revolución judeo-bolchevique no podría haber tenido éxito.

El papel de Maxim Litvinov (1876-1951) es especialmente interesante en relación con la financiación de la revolución. Nacido como Meyer-Genokh Mojsjewicz Wallach-Finkelstein, fue un "revolucionario" que participó en la destrucción de la Rusia Imperial y la entregó a los banqueros internacionales.

Litvinov comenzó su carrera revolucionaria en 1898. En 1901 fue detenido y pasó 18 meses en prisión antes de fugarse. En 1903, recibió fondos para financiar y distribuir el periódico del Partido Socialista Democrático Ruso, *Iskra*[154], que se imprimía desde Londres. En 1905, Litvinov recibió más fondos de "amigos extranjeros"[155], que le permitieron comprar armas, de nuevo en Londres. Posteriormente, Litvinov, también conocido como

---

[152] Ibid, 16.

[153] En 1918, el banco pasó a llamarse Svensk Ekonomiebolaget.

[154] La palabra rusa para chispa.

[155] N.Starikov, *Ruble Nationalization The Way to Russia's Freedom*, San Petersburgo, Piter, 2013, 189.

Papasha o Papi[156], se convirtió en el centro de toda la financiación extranjera y fue nombrado tesorero del partido, una decisión que Lenin no pudo anular porque Litvinov era un representante de los Rothschild, cuyo poder superaba al de Lenin. Lenin fue simplemente informado de la decisión. Unos meses más tarde, en una reunión en Ginebra, Litvinov fue elegido Secretario de Transporte Exterior. Lenin fue informado de nuevo de esta decisión. Litvinov nunca fue un verdadero revolucionario, sino que utilizó el bolchevismo como pretexto para promover los objetivos de sus amos.

De 1908 a 1918, Litvinov residió en Londres, gracias a la ayuda de sus "amigos ingleses".[157] Durante este periodo ocupó varios cargos. Trabajó para la editorial Williams y Norgate, y más tarde para una agencia de turismo y una tienda de maquinaria agrícola. Estas ocupaciones le proporcionaron una cobertura ideal para sus actividades clandestinas. En 1914, al estallar la Primera Guerra Mundial, el gobierno ruso pidió a todos sus ciudadanos que regresaran a Rusia para alistarse en el ejército. Sin embargo, las autoridades británicas permitieron a Litvinov quedarse. En 1916, Litvinov se casó con la hija de una de las familias judías más distinguidas: Ivy Low.

El 3 de enero de 1918, Litvinov fue nombrado representante autorizado de la Rusia soviética. Una de sus primeras tareas fue solicitar que se le entregara el dinero que la Embajada zarista tenía en el Banco de Inglaterra. El banco cumplió.

---

[156] Ibid, 190.

[157] Ibid, 188.

En septiembre de 1918, se reveló una conspiración contra los bolcheviques en la que estaba implicado el embajador Robert Bruce Lockhart. Tanto Lockhart como Litvinov fueron detenidos por sus respectivos gobiernos, y en un intercambio Litvinov regresó a Moscú. Su nueva misión consistía en "asegurar el rápido flujo de oro y joyas preciosas desde Rusia"[158] a través de Escandinavia, bajo la apariencia de un programa de compra de máquinas de vapor, más tarde conocidas como "máquinas de oro". Una cuarta parte de las reservas de oro de Rusia fueron transferidas a Suecia antes de ser enviadas de vuelta. Era la hora de la revancha para los Rothschild.

El 21 de abril de 1921, Litvinov fue nombrado miembro del Consejo de Comisarios del Pueblo para las transacciones de divisas y la venta de oro en el extranjero. "Varios cientos de millones [de rublos] de nuestro oro pasaron por mis manos antes de ser vendidos en el extranjero. Vendí la mayor parte de este oro a través de varios intermediarios, a grandes empresas francesas que lo refundieron en Francia o en Suiza, y luego llegó a su destino final en las bóvedas de la Reserva Federal de Estados Unidos[159], ¡un banco privado propiedad de Rothschild! Litvinov se había convertido en el "representante autorizado de los banqueros - los dueños de la Reserva Federal, el Banco de Inglaterra y la Rusia Soviética"[160] Como se puede ver, la Revolución Bolchevique no fue más que un gigantesco ejercicio de

---

[158] Ibid, 194.

[159] Ibid, 199.

[160] Ibid, 203.

saqueo de los Rothschild.

En diciembre de 1921 se creó la Colonia Industrial Autónoma de Kuzbass. Concedió el control de un vasto complejo industrial a un grupo de inversores estadounidenses y europeos que lo financiaron. A partir de ese momento, "millones de rublos en oro se transfirieron al extranjero sin pagar derechos de aduana, supuestamente como intereses ganados por el capital invertido por los banqueros europeos", a pesar de que estas inversiones no fueron realizadas por los estadounidenses[161] a pesar de que no todas estas inversiones fueron igualmente grandes.

En 1924, José Stalin se convirtió en el líder de la Unión Soviética, pero Litvinov, que no temía a nadie, siguió siendo una figura destacada. Su descortesía con Stalin era proverbial.[162] En la purga de 1937-38, casi todos los diputados de Litvinov fueron detenidos y fusilados. Litvinov alegó el caso de uno de sus mejores amigos, Boris Stomonyakov, e informó a Stalin de que respondería por él. Stalin miró a Litvinov a los ojos y le respondió: "Camarada Litvinov, usted sólo puede responder por sí mismo.[163]

De 1930 a 1939, Litvinov ocupó el cargo de Comisario del Pueblo para Asuntos Exteriores de la Unión

---

[161] Ibid, 204.

[162] Ibid, 205, 206 y 209. En junio de 1941, a una reunión de diplomáticos extranjeros, Litvinov llegó vestido con un suntuoso traje de lana polar. Stalin le preguntó por qué no llevaba un traje oscuro como todos los demás. Litvinov respondió en broma: "Se lo han comido las polillas".

[163] Ibid, 206.

Soviética. En 1939, las relaciones entre la Alemania nacionalsocialista y la Unión Soviética comenzaron a calentarse. Esta distensión era un anatema para los maestros de Litvinov, que tenían recuerdos de pesadilla de la Santa Alianza entre Austria, Prusia y Rusia en 1815, y de la *Dreikaiserbund* (Liga de los Tres Emperadores) que Bismarck había iniciado entre los mismos tres imperios en 1872. Litvinov interfirió, pero para entonces Stalin ya estaba harto de su comportamiento insolente. El 3 de mayo de 1939, se produjo un golpe silencioso cuando Stalin "despojó al títere de la mafia bancaria de su título de ministro de Asuntos Exteriores".[164]

Con su propio banco estatal, el Gosbank, fundado el 16 de noviembre de 1921, la Unión Soviética había conseguido por fin su soberanía e independencia de los banqueros internacionales. Todos los diputados de Litvinov y sus directores fueron arrestados, pero él mismo se salvó, ya que era intocable. A Litvinov se le permitió retirarse a su *dacha*, pero se le mantuvo bajo constante vigilancia.

---

[164] Ibid, 207.

Maxime Litvinov (nacido Wallach-Finkelstein), fue durante más de cuarenta años el intermediario de los Rothschild. Organizó el saqueo de Rusia por los banqueros internacionales.

Hacia finales de 1941, los servicios de Litvinov volvieron a ser requeridos. Con los alemanes llamando a la puerta de Moscú, la desesperada situación de Stalin requería la ayuda urgente de Occidente. Litvinov fue enviado a Moscú como embajador soviético. Los estadounidenses se mostraron reacios a prestar dinero a la Unión Soviética, pero Litvinov pronto lo solucionó todo y en pocas semanas se concedió un préstamo de mil millones de dólares. Se firmó un contrato de arrendamiento y en los cuatro años siguientes se suministraron materias primas y servicios por valor de 11.000 millones de dólares.

Litvinov "podía llegar a la Casa Blanca en cualquier momento y el Presidente [Roosevelt] le recibía inmediatamente"[165]. Estos dos títeres de los banqueros internacionales bombeaban el oro -de Rusia por un lado, del pueblo de Estados Unidos por otro- directamente a las arcas de la Reserva Federal de Rothschild.[166]

Litvinov[167] fue llamado a filas en 1943, cuando la guerra se puso a favor de Rusia. Su sucesor como ministro de Asuntos Exteriores, Viacheslav Molotov, ofrece una opinión elocuente: "Litvinov nos mostró una hostilidad total... Merecía el castigo más severo a manos del

---

[165] Litvinov fue embajador del 10 de noviembre de 1941 al 22 de agosto de 1943.

[166] N. Starikov, op.cit, 211. El 5 de abril de 1933, mediante la Orden Ejecutiva 6102, el gobierno de los Estados Unidos confiscó todo el oro de sus ciudadanos, excepto las monedas numismáticas, y lo cambió por papel moneda.

[167] No es de extrañar que Litvinov se negara a escribir sus memorias.

proletariado. Un castigo ejemplar".[168]

Entre el [1] y el 22 de julio de 1944, los banqueros internacionales celebraron una conferencia en Bretton Woods, New Hampshire. Su objetivo era establecer un Banco Mundial y un Fondo Monetario Internacional que rigieran las relaciones entre las naciones independientes y mantuvieran tipos de cambio fijos. Los representantes soviéticos asistieron a la conferencia, pero se negaron a inscribirse, declarando que las instituciones propuestas eran "sucursales de Wall Street". La impertinencia de Stalin probablemente enfureció a los Rothschild, pero poco podían hacer mientras Alemania permaneciera invicta.[169]

Entre el 17 de julio y el 2 de agosto de 1945 se celebró en Alemania la Conferencia de Potsdam. Determinó las nuevas fronteras de Europa. A partir de ese momento, la Unión Soviética quedó gradualmente aislada y comenzó la Guerra Fría. Stalin no tenía ningún punto de vista sobre Europa Occidental. Su ejército estaba completamente agotado y ya estaba trabajando duro para absorber Europa del Este bajo su hegemonía y reparar todo el daño que había infligido a su país al provocar a Alemania una guerra preventiva.[170] Desde el punto de

---

[168] F. Chuev y A. Resis, *Molotov Remembers*, Chicago, 1993, 68.

[169] E.S. Mason y R.E. Asher, "*The World Since Bretton Woods: The Origins, Policies, Operations and Impact of the International Bank for Reconstruction*", Washington D.C., Brookings Institution, 1973, 29.

[170] Stalin había planeado atacar a Alemania el 6 de julio de 1941. Véase V. Suvorov, *The Chief Culprit Stalin's Grand*

vista militar, el lanzamiento de bombas nucleares sobre Hiroshima y Nagasaki era innecesario, porque en enero de 1945 Japón ya estaba intentando negociar los términos de una rendición. El holocausto nuclear sirvió para dos propósitos siniestros: (i) para castigar a los japoneses por crear su propio banco estatal y (ii) para enviar una advertencia a la Unión Soviética, que ya tenía un banco estatal.

La Guerra Fría fue inicialmente llevada a cabo por Occidente con el objetivo de poner de rodillas a la Unión Soviética. Stalin, que era más nacionalista[171] que comunista, se resistió y fue supuestamente envenenado, antes de que se le permitiera morir el 1 de marzo de 1953 de una apoplejía para la que no recibió tratamiento médico.[172] A partir de este momento, la Guerra Fría degeneró en una farsa, ya que Occidente, y en particular Estados Unidos, invirtió mucho en la Unión Soviética. Se realizaron importantes inversiones en la fábrica de Gorki, donde se construían camiones Ford, y en la mayor fábrica de automóviles del mundo, en Volgogrado, donde se fabricaban coches Fiat. También hubo una importante financiación en los campos de la aviación, la

---

Design to Start World War, Naval institute Press, Annapolis, Maryland, 2008, 328 pp. Suvorov cree que "la Unión Soviética perdió la Segunda Guerra Mundial", 280.

[171] Ver K. Bolton, *Stalin, The Enduring Legacy,* Black House Publishing, Londres, 2012, 164 pp.

[172] S.S. Montefiore, *Stalin The Court of the Red Tsar,* Weidenfeld & Nicolson, Londres, 2005, 651-665. La apoplejía de Stalin puede haber sido causada por la warfarina, un anticoagulante, vertida en su vino en los días previos a su muerte.

informática y la electricidad. La Unión Soviética se convirtió en un destino privilegiado para las inversiones lucrativas.

Los rusos se unieron al ejército, pero con el 50% de su presupuesto destinado al armamento, era una guerra que no podían ganar a largo plazo. Esto explica por qué el nivel de vida en la Unión Soviética nunca igualó al de Occidente, excepto en el sector de los servicios públicos, como la educación y la vivienda.

En 1991, la Unión Soviética implosionó y un escuadrón de asesores llegó desde Estados Unidos para introducir las maravillas del libre comercio capitalista que incluía el impuesto sobre la renta y la usura. El objetivo principal de estos asesores era "introducir la Ley del Banco Central de Rusia en el momento oportuno, lo que causó más daño que un ejército de invasores en cuanto a la pérdida de la soberanía de Rusia".[173]

Durante casi 200 años los zares y los soviéticos resistieron, pero finalmente Rusia cayó por completo en manos de los Rothschild.

La responsabilidad de los Rothschild en la Guerra de los Bóers.

A lo largo del siglo XIX, el sistema monetario mundial se basó en el patrón oro, desarrollado y mantenido por los Rothschild. El descubrimiento de vastos yacimientos de oro en Witwatersrand había creado una nueva fuente de extracción que debía ser controlada para que este sistema financiero deshonesto pudiera sobrevivir.

---

[173] N. Starikov, op.cit, 182-183.

Desgraciadamente para los Rothschild, estas nuevas minas estaban situadas en la independiente *Zuid-Afrikaansche Republiek.*

Inmediatamente llegaron al país bandadas de emigrantes y especuladores. Algunos de ellos eran británicos, pero un gran número de ellos eran en su mayoría "judíos rusos, polacos y alemanes, con propensiones itinerantes y sin apego ni arraigo a ningún país en particular".[174] Así, los propietarios de las minas de oro eran casi siempre judíos. La empresa dominante en el sector era el Grupo Eckstein, llamado así por su director Hermann Eckestein. Esta combinación incluía a Consolidated Goldfields y S. Neumann & Co. El profesor John Atkinson Hobson escribe en *The War in South Africa Its Causes and Effects* que "los Rothschilds eran propietarios de la mayoría de las acciones de Goetz & Co." y que "los Rothschilds estaban detrás de la Exploration Company, que de hecho estaba dirigida por Wernher, Beit y Rothschild. Además,[175] añade que el monopolio de la dinamita y "el rico y poderoso comercio del licor, legal e ilegal, estaba enteramente en manos de los judíos"; "no hace falta decir

---

[174] J.A. Hobson, *The War in South Africa Its Causes and Effects*, James Nisbet & Co, Limited, Londres, 1900, 70. Hobson menciona en la página 12 que en el Directorio de Johannesburgo de 1899 figuraban 24 Jones, 53 Browns y 68 Cohens.

[175] Ibid, 193. Véase también R. Rudman, *England Under The Heel Of The Jew*. Este folleto de 21 páginas está extraído de un libro del mismo título escrito en 1918 por el Dr. John Henry Clarke, médico, y publicado por C.F. Roworth en Londres. Ofrece un relato elocuente de la conspiración urdida por los terratenientes judíos para derrocar al gobierno de Kruger.

que la bolsa está enteramente en manos de los judíos" y "la prensa de Johannesburgo es principalmente su feudo privado".[176]

A principios de la década de 1890, los trabajadores y especuladores extranjeros superaban a los bóers. En 1896, tras la fallida incursión de Jameson para derrocar al gobierno de Transvaal, se fundó la Liga Sudafricana como frente para agitar el derecho al voto de *los uitlanders* o foráneos. Para proteger su estatus, los bóers querían concederles sólo una franquicia tras un periodo de 14 años de residencia. El 30 de mayo de 1899, en una conferencia celebrada en Bloemfontein, capital del Estado Libre de Orange, el presidente Paul Kruger ofreció reducir el periodo de residencia a siete años. El Alto Comisionado británico, Sir Alfred Milner, no se resignó y expresó su opinión de que sería "la reforma o la guerra".[177] Finalmente, Kruger "tomando su cabeza entre sus grandes manos, con lágrimas corriendo por sus barbudas mejillas"[178], gritó angustiado: "¡Es mi país lo que queréis![179]

En septiembre de 1899, los británicos concentraron provocativamente sus tropas al sur de la frontera del Transvaal. El 9 de octubre de 1899, se ignoró la petición de que "el Gobierno de Su Majestad deje de reunir sus

---

[176] Ibid, 193.

[177] P.J Pretorius, *Volksverraad*, Libanon-Uitgewers, Mosselbaai, Western Cape, 1996, 58.

[178] R. Kraus, *Old Master Thereof Jan Christian Smuts*, E.P. Dutton & Co Inc, Nueva York, 1944, 92.

[179] T. Pakenham, *The Boer War*, Jonathan Ball Publishers, Londres, 1979, 68.

tropas en las fronteras de la República y envíe refuerzos de guerra desde todo el Imperio Británico"[180] Dos días después, estalló la guerra.

Aunque los bóers sólo contaban con un ejército de aficionados a caballo, lograron algunas hazañas iniciales extraordinarias. Sin embargo, al final se vieron superados en armas y en número. A partir de junio de 1900, los bóers recurrieron a la guerra de guerrillas. Un minúsculo contingente de 6.000 hombres fue capaz de contener a casi 450.000 soldados del mayor imperio del mundo.

El armisticio se firmó en Vereeniging el 31 de mayo de 1902. La guerra fue un desastre absoluto para los bóers. En una operación de tierra quemada sin precedentes, se arrasaron las propiedades de los bóers, se envenenaron los pozos, se sacrificaron sus rebaños (principalmente cortándoles los tendones "para ahorrar munición") y se violó a sus mujeres. 25 ciudades fueron destruidas. 136.000 mujeres y niños fueron hacinados en 46 campos de concentración hechos de tiendas de campaña donde la temperatura caía bajo cero en invierno. 34.000 de ellos murieron por desnutrición y falta de higiene. El 75% de ellos eran menores de 16 años.

Los británicos también sufrieron muchas bajas, con 21.942 muertos (35% en batalla, 65% por enfermedad) y 22.829 heridos. Los banqueros tuvieron la satisfacción de haber financiado la guerra con 222 millones de libras, aumentando la deuda pública británica en 132 millones. Para los Rothschild, la guerra anglo-boer fue una victoria

---

[180] S.M. Goodson, *General Jan Christian Smuts The Debunking of a Myth*, Bienedell Uitgewers, Pretoria, 2013, 11.

total.

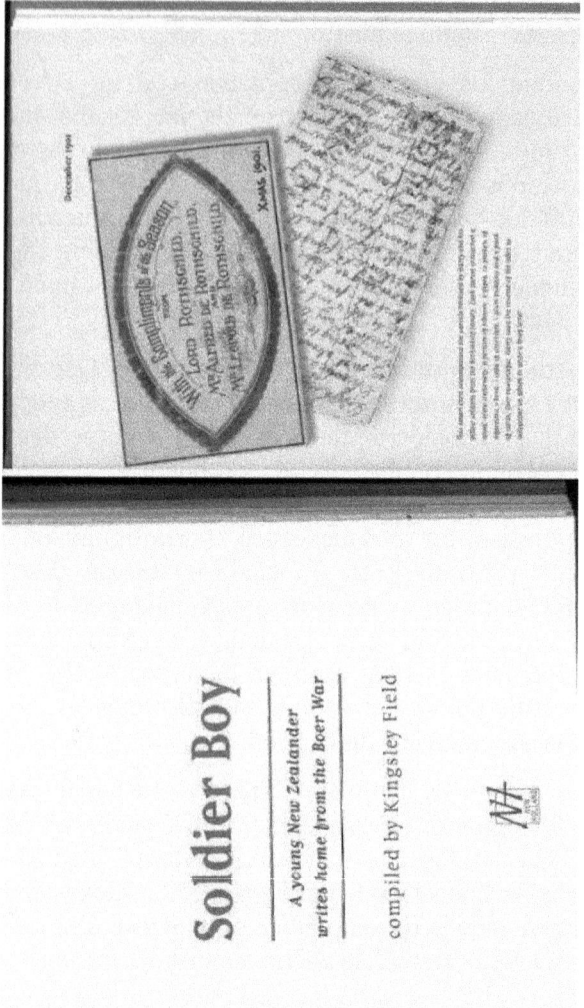

Una tarjeta de felicitación enviada por los **Rothschild**. En diciembre de 1901, los Rothschild enviaron a sus "tropas" en la batalla una cesta de Navidad que contenía un juego de escritura, una porción de tabaco, una pipa, 12 paquetes de cigarrillos, un libro, un pastel de chocolate, un pudín y una baraja.

Banco de la Commonwealth de Australia

El Commonwealth Bank of Australia se inspiró en el estadounidense King O'Malley, que descubrió el secreto de la banca de reserva fraccionaria mientras trabajaba en el banco de su tío en Nueva York en la década de 1880. Cuando le preguntaron al primer gobernador del banco, Sir Dennison Miller, de dónde sacaría el capital para su banco, respondió: "¿Qué capital? No necesito capital, mi capital es la riqueza y el crédito de toda Australia. [181]

Con un anticipo de 10.000 libras del gobierno, que se devolvió rápidamente, se creó el 15 de julio de 1912 el Commonwealth Bank of Australia. Aunque se estableció como banco privado, funcionaba como un banco estatal, con plenos poderes para gestionar sus asuntos como cualquier banco, incluida la facultad de actuar como caja de ahorros. Además, se permitió al banco obtener capital mediante la venta de bonos respaldados por el crédito de la nación. Sus beneficios se dividían a partes iguales en dos fondos: un fondo de reserva para hacer frente a los pasivos del banco y un fondo de amortización para reembolsar las obligaciones o acciones emitidas por el banco. Entonces, el 50% de sus beneficios se destinó a pagar la deuda nacional.

---

[181] R. Gollam, op. cit. proporciona los orígenes detallados de los acontecimientos que llevaron a la creación del banco.

King O'Malley (1854-1953) que inspiró la creación del banco estatal de Australia, el Commonwealth Bank of Australia.

Durante 12 años, a pesar de la Primera Guerra Mundial (1914-1918), Australia disfrutó de uno de sus mayores períodos de prosperidad. Al pedir prestado al gobierno a un tipo de interés nominal de 2/3 del 1% anual, el banco permitió al país invertir en un amplio programa de infraestructuras. Se destinaron 18,72 millones de dólares australianos a la construcción de presas y del sistema de riego del río Murrumbidgee, el ferrocarril transcontinental, centrales eléctricas, obras de gas, puertos, carreteras y tranvías. Además, se financiaron los cultivos de frutas, trigo y lana de los agricultores por valor de 3 millones de dólares australianos a un tipo de interés nominal. Se destinaron 4 millones de dólares australianos a la compra de 15 barcos de vapor para organizar las crecientes exportaciones de Australia y se gastaron 8 millones de dólares australianos en viviendas. La Primera Guerra Mundial costó a Australia 700 millones de dólares australianos, pero fue financiada por el Banco en forma de deuda sin intereses.

Este periodo de fenomenal prosperidad terminó en 1924, cuando Stanley Melbourne Bruce, el Primer Ministro (1924-1929) y el Dr. Earle Page, su socio de coalición, aprobaron una ley que ponía el control del Banco en manos de un Consejo Ejecutivo formado por un Gobernador, un Secretario del Tesoro y otras seis personas dedicadas activamente a la agricultura, las finanzas y la industria, nombradas por un número variable de años.[182] A menudo se sospechaba que Bruce aceptaba sobornos, ya que lo que hacía iba totalmente en contra de los intereses del pueblo australiano. Durante su mandato, el gobierno australiano pidió prestados 230 millones de libras a la City de Londres[183] y, en 1927, tanto la deuda federal como la estatal habían alcanzado los mil millones de libras y el presupuesto era deficitario.[184]

El 10 de octubre de 1924 se promulgó la ley. Tuvo el efecto de poner el Banco bajo el control de un grupo de hombres, que más tarde lo privaron del derecho a emitir el dinero de la nación sin deuda y sin intereses. En 1927, el Banco perdió las sucursales de las cajas de ahorros y, aunque seguía pudiendo emitir billetes y, por tanto, obtener un mínimo de señoreaje, más tarde se convirtió en un banco central que operaba en beneficio exclusivo de los bancos privados. La traición final del Banco se produjo el 20 de marzo de 1947, cuando la Cámara de Representantes votó 55 a 5 a favor de su adhesión al Fondo Monetario Internacional, sometiéndose así a los decretos y dictados del Banco de Pagos Internacionales,

---

[182] Bruce y Earle eran los líderes de los dos partidos políticos respectivos, el Nacional y el Nacional.

[183] S. McIntyre, *A Concise History of Australia*, Cambridge University Press, Melbourne, 2009, p. 168.

[184] I. M. Cumpston, *Lord Bruce of Melbourne*, Longman Cheshire, Melbourne, 1989, p. 74.

controlado por los Rothschild.

La Primera Guerra Mundial

La Primera Guerra Mundial se desencadenó el 28 de junio de 1914, cuando Gavrilo Princip, de supuesto origen judío y miembro del grupo terrorista Mano Negra, asesinó al archiduque Francisco Fernando, heredero del trono austriaco, y a su esposa checa en Sarajevo, Bosnia y Herzegovina. Princip fue un colaborador de León Trotsky (de nombre real Lev Davidovich Braunstein), [185]un judío ruso que conspiró con su compañero judío Vladimir Lenin (rebautizado como Ulyanov al ser adoptado, pero de nombre real Zederbaum)[186] para

---

[185] Para el supuesto origen de Princip, véase W. G. Simpson, *¿Qué camino sigue el hombre occidental?* Yeoman Press, Nueva York, 1978, p. 682, donde cita la obra de Léon de Poncins *Les Forces Secrètes de la Révolution*, Éditions Saint-Rémi, que a su vez cita los archivos del juicio del asesino. Véase también, *Symphonie Rouge* de J. M. Landowsky, Hadès Éditions, un interrogatorio del NKVD (la policía secreta de Stalin) a Christian G. Rakovsky (cuyo verdadero nombre era Chaïm Rakover), en el que confiesa que Trotsky estuvo detrás del asesinato del archiduque Fernando y que la estrella soviética de cinco puntas representa las cinco ramas de los hermanos Rothschild (Frankfurt, Londres, Nápoles, París y Viena).

[186] El padre de Lenin era un buriato, un ruso no étnico. Su bisabuelo materno fue Moishe Itskovich Blank y su abuelo Srul Moisevich Blank. Este último cambió su nombre de pila por el de Alejandro. Zev Ben-Shlomo, Lenin's Life and Legacy, Dimitri Volkogonov, *Jewish Chronicle*, Londres, 4 de abril de 1995. La madre judía de Lenin era Maria Blank. Cuando sus padres murieron, él y su hermano fueron adoptados por una familia judía. En 1929, la hermana de Lenin, Anna Ulyanova-Yelizarov, propuso a Stalin que se revelara su ascendencia para contrarrestar el antisemitismo rampante e inculcar el "espíritu revolucionario judío" en las masas. A pesar de que Lenin era

derrocar la monarquía rusa. A su vez, fue financiado por el judío estadounidense Jacob Schiff,[187] que era el testaferro del judío inglés Lord Walter Rothschild, el cerebro de esta espantosa catástrofe. Estos hechos fueron confirmados ante el Senado de los Estados Unidos en 1921, cuando se afirmó que "la responsabilidad total de la Primera Guerra Mundial recaía sobre los hombros de los banqueros judíos internacionales". Son responsables de millones de muertes.[188] A finales de octubre de 1926,

---

supuestamente venerado por las masas, Stalin le pidió que lo mantuviera en secreto ya que esta revelación corría el riesgo de dejar claro a todo el mundo que la revolución bolchevique era 100% judía. Jesse Zel Lurie, Lenin era un judío secreto, *Bronward Jewish Journal*, 25 de febrero de 1992. Según un informe de *The Times*, del 10 de mayo de 1920, basado en fuentes soviéticas, 458 de los 556 principales funcionarios del régimen eran judíos, lo que equivale al 82,4%. El autor visitó uno de los últimos museos de Lenin en Tampere, Finlandia, donde Lenin planeó la Revolución de Noviembre de 1905 en Rusia.

[187] Véase Anthony C. Sutton, *Wall Street y la revolución bolchevique*, Le Retour aux Sources 2010.

[188] Actas del Congreso de los Estados Unidos, 67ª, 4ª sesión, Documentos del Senado nº 346, 1921. En 1928, el escritor judío Marcus Elijah Ravage escribió: "Todavía no han empezado a apreciar la verdadera profundidad de nuestra culpa. Nosotros somos los intrusos. Nosotros somos los pervertidos. Nos hemos apoderado de su mundo natural, de sus ideales, de su destino y los hemos arrasado. Fuimos la causa, no sólo de la última gran guerra [la Primera Guerra Mundial], sino de casi todas sus guerras, no sólo de la Revolución Rusa, sino de todas las grandes revoluciones de su historia. Hemos sembrado la discordia, la confusión y la frustración en tu vida personal y pública. Seguimos haciéndolo. Nadie puede decir cuánto tiempo seguiremos haciéndolo. *The Century Magazine*, enero de 1928, vol. 115, nº 3, pp. 346-350, citado por B. Klassen en *The White Man's Bible, The Church of the Creator*, Otto, Carolina del Norte, 1981, pp. 287-289.

una conversación entre el parlamentario británico Victor H. Cazalet y Henry Ford (1863-1947) confirmó aún más estos hechos irrefutables. Cuando se le preguntó quiénes eran los financieros judíos internacionales, respondió: "Tengo varios libros que le dirán quiénes son. Ellos fueron los responsables de la última guerra, y en el futuro siempre podrán crear una guerra cuando sientan la necesidad.[189]

Henry Ford, el pionero del automóvil, identificó a los banqueros judíos internacionales como los instigadores de la Primera Guerra Mundial, expresando su análisis en el *International Jew* publicado por el periódico *Dearborn Independent.*

---

[189] A. N. Field, *The Truth About the Slump - What the News Never Tells,* publicación privada, Nelson, Nueva Zelanda.

Las rivalidades comerciales, las alianzas y las posturas mal entendidas se presentan a menudo como las principales causas de la Primera Guerra Mundial. Sin embargo, las verdaderas razones, por orden de importancia, fueron las siguientes:

1) Destruir el Imperio Ruso y su Banco Estatal

2) Romper los otros imperios (austro-húngaro, alemán y otomano) dividiéndolos en estados más pequeños, que podrían ser explotados más fácilmente mediante la creación de bancos centrales.

3) Tomar Palestina y crear un estado títere sionista bajo el control directo de los Rothschild.[190]

A finales de 1916, los ejércitos británico y francés corrían el riesgo de perder la guerra, ya que los franceses se habían amotinado en el frente occidental. Los británicos ya habían perdido su supremacía marítima en la Batalla de Jutlandia, el 3 de mayo de 1916, cuando la armada alemana, superada en número por uno a dos, humilló a la invencible Royal Navy, hundiendo 12 barcos y perdiendo 6, sufriendo pérdidas de 2.551 marineros frente al total británico de 6.094.[191] Los dos Kaisers intentaron desesperadamente poner fin a esta inútil matanza fratricida. Cuando llegó una oferta de Lord Rothschild garantizando la ayuda de Estados Unidos a cambio de la asignación de Palestina a un grupo de judíos sionistas tras la liquidación del Imperio

---

[190] N. Ferguson, *The House of Rothschild, The World's Banker 1849-1999*, Vol. 2, Penguin Books, Londres, 1999, p. 449.

[191] Léon Degrelle, *Hitler né à Versailles*, volumen 1 de *El siglo de Hitler*.

Otomano.[192]

El 6 de abril de 1917 los Estados Unidos declararon la guerra a Alemania[193] y a las demás potencias centrales y el 2 de noviembre de 1917 Lord Rothschild y sus colaboradores sionistas recibieron garantías por escrito de Gran Bretaña para conceder Palestina a los colonos judíos.[194] Este infame documento, conocido como la

---

[192] El movimiento de los Jóvenes Turcos que organizó la caída del Imperio Otomano estaba formado principalmente por judíos *donmeh* (conversos en turco), que seguían el culto judío del sabbataísmo, fundado por Sabbatai Tsevi a mediados del siglo XVII. P. Papaherakles, The Young Turks and the Massacre of 117 Million Whites (Los jóvenes turcos y la masacre de 117 millones de blancos), *The Barnes Review*, Washington, D. C. Vol. XVIII, nº 2, marzo/abril de 2012, pp. 22-31.

[193] En un discurso pronunciado en el Hotel Willard de Washington D. C. en 1961, Benjamin Freedman (Friedman), un antiguo judío que se convirtió al catolicismo romano, confirmó cómo los judíos alemanes traicionaron a Alemania durante la Primera Guerra Mundial al atrapar a Estados Unidos, obligándole a unirse a Inglaterra a cambio de la futura promesa de Palestina.

[194] Más del 98% de los colonos sionistas en Palestina son asquenazíes, sin ningún vínculo étnico semítico con la tierra. Son descendientes del reino jázaro, que estaba situado en el sur de Rusia, en la zona de la actual Georgia. Los jázaros fueron objeto de una conversión masiva al judaísmo por parte de su monarca, el rey Bulan, en el siglo VIII de nuestra era. La confirmación se encuentra en un artículo sobre craneometría del Dr. Maurice Fishberg en la *Enciclopedia Judía* IV, 1902, pp. 331-335. Este estudio de casi 3.000 cráneos judíos procedentes de varios países durante un periodo de 20 años reveló que pertenecían a la categoría de braquicéfalos o cabezas anchas, con un índice de 80; en contraste con las cabezas de los árabes, que son dolichalicas o de cabeza larga. Véase también Arthur Koestler, *The Thirteenth Tribe: The Khazar Empire and its Legacy*. Ramdon House, 1976, p. 255. Y Shlomo Sand, *How the Jewish People Were Invented*, Verso, 2009, p. 344 y *How the Land of Israel Was Invented: From*

Declaración Balfour, fue redactado por Lord Arthur James Balfour, el Secretario de Asuntos Exteriores británico y el General Jan Christian Smuts, miembro del Gabinete de Guerra Imperial.

Foreign Office,
November 2nd, 1917.

Dear Lord Rothschild,

I have much pleasure in conveying to you, on behalf of His Majesty's Government, the following declaration of sympathy with Jewish Zionist aspirations which has been submitted to, and approved by, the Cabinet

"His Majesty's Government view with favour the establishment in Palestine of a national home for the Jewish people, and will use their best endeavours to facilitate the achievement of this object, it being clearly understood that nothing shall be done which may prejudice the civil and religious rights of existing non-Jewish communities in Palestine, or the rights and political status enjoyed by Jews in any other country"

I should be grateful if you would bring this declaration to the knowledge of the Zionist Federation.

Carta de Lord **Arthur Balfour** a Lord **Walter Rothschild**, líder de la Federación Sionista, confirmando el apoyo británico al establecimiento de un estado sionista en Palestina.

---

the Holy Land to the Motherland, Verso, 2012, p. 304. El 5 de diciembre de 2012, un estudio escrito por el Dr. Eran Elhaik, un genetista investigador de la Escuela de Medicina de la Universidad Johns Hopkins, fue publicado por Oxford University Press en nombre de la Sociedad de Biología Molecular y Evolutiva, y confirmó que la "tesis de Khazar" es científicamente correcta.

El derramamiento de sangre causado por esta guerra innecesaria continuó durante otros dos años. Rusia fue totalmente destruida y se creó un problema insoluble en Oriente Medio. Como señaló proféticamente el rabino Reichorn en 1859: "Las guerras son la cosecha de los judíos, pues con ellas exterminamos a los cristianos y nos hacemos con su oro. Ya hemos matado a 100 millones. Arrastraremos a los cristianos a más guerras explotando su orgullo nacional y su estupidez. Entonces se masacrarán unos a otros, haciendo más espacio para nuestra gente",[195] una línea similar, Gutle Schnapper, la esposa de Mayer Amschel Rothschild dijo poco antes de su muerte en 1849: "Si mis hijos no hubieran querido la guerra, no habría habido ninguna".[196]

El 11 de noviembre de 1918 se firmó un armisticio y siete meses más tarde, el 28 de junio de 1919, se firmó el profundamente defectuoso Tratado de Versalles. Alemania debía aceptar la culpa exclusiva y pagar unas reparaciones exorbitantes de 6.600 millones de libras esterlinas[197], el equivalente a toda la riqueza del país, aunque los otros beligerantes, Gran Bretaña, Francia y Rusia tenían la misma culpa -si no más-. Esta compensación se utilizaría para devolver a los banqueros internacionales los préstamos fraudulentos y los intereses ficticios que se habían concedido a los gobiernos de Gran Bretaña y Francia. Como dijo el general Smuts en la conferencia: "Todo lo que hemos hecho aquí es mucho peor que el Congreso de Viena. Los

---

[195] *Le Contemporain*, 1 de julio de 1880.

[196] N. Ferguson, op. cit. p. 20.

[197] Según la calculadora de inflación del Banco de Inglaterra, 6.600 millones de libras equivalían a 289.000 millones de libras en 2012.

estadistas de 1815 al menos sabían lo que estaba pasando. Nuestros políticos no tienen ni idea.[198]

---

[198] Léon Degrelle, op. cit. p. 335.

CAPÍTULO V

LA GRAN DEPRESIÓN

"El capital debe protegerse de todas las maneras posibles, tanto por el esquema como por la legislación. Hay que pagar las deudas, ejecutar las hipotecas lo antes posible. Cuando, a través del proceso legal, la gente común pierde sus hogares, se vuelve más dócil y más fácil de gobernar por el brazo secular del gobierno impulsado por un poder central ejercido por los ricos bajo la dirección de los financieros. Estas verdades son bien conocidas por nuestros agentes que ahora trabajan para formar un imperialismo que gobierne el mundo. Al dividir a los votantes mediante el sistema de partidos políticos, les obligamos a gastar sus energías y a pelearse por asuntos triviales. Es de esta manera, a través de la acción silenciosa, que lograremos asegurar para nosotros mismos lo que ya ha sido tan bien planeado y tan exitosamente realizado."
— Montagu Norman, Gobernador del Banco de Inglaterra, dirigiéndose a la United States Bankers Association en Nueva York en 1924.

A principios del siglo XX, sólo había 18 bancos centrales: El Riksbank sueco (1668), el Banco de Inglaterra (1694), el Banco de España (1782), el Banco de Francia (1800), el Banco de Finlandia (1812), el Banco de los Países Bajos [199](1814), el Banco de Noruega (1816), el Banco de Austria (1816), el Banco de Dinamarca (1818), el Banco de Portugal (1846) Banco de Bélgica (1850), Banco de Indonesia (antes

---

[199] El *Nederlandsche Bank* fue precedido por el *Amterdamsche Wisselbank,* fundado en 1609 por Dirck van Os, por lo que puede considerarse el primer banco central del mundo.

Banco de Java) (1865), Reichsbank alemán (1876), Banco Nacional de Bulgaria (1879), Banco Nacional de Rumanía (1880), Banco de Japón (1882), Banco Nacional de Serbia (1884) y Banco de Italia (1893).

En 1922 se celebró en Génova, del 10 de abril al 19 de mayo, una conferencia a la que asistieron todos los jefes de Estado, los gobernadores del Banco de Inglaterra, del Banco de Francia y de la Reserva Federal de Nueva York, así como numerosos banqueros internacionales. En esta conferencia se decidió crear bancos centrales en todos los países que aún no los tenían. El Gobernador del Banco de Inglaterra, Montagu Norman,[200] insistió en que los bancos centrales debían ser independientes de sus gobiernos.[201] A. N. Field relata este significativo acontecimiento en su libro *All These Things*:

"A pesar de la audacia de estos procedimientos, fueron totalmente exitosos. Los economistas estipendiarios descubrieron felizmente que los bancos de reserva eran maravillosos instrumentos científicos, los periódicos se sumaron a los aplausos y los políticos de los distintos estados se comportaron como disciplinados guardianes conduciendo ovejas al matadero. El hecho de que

---

[200] Montagu Norman, un masón, era muy reservado y a menudo operaba de forma clandestina. Cuando viajó al extranjero, adoptó el seudónimo de Profesor Skinner. Este era el nombre de su secretario, Ernest Skinner. A lo largo de su mandato, nunca visitó un país que no tuviera un banco central y nunca entabló una conversación con el gobernador de un banco central en presencia de un ministro de finanzas extranjero. R. S. Sayers, *The Bank of England 1891-1944*, Cambridge University Press, Cambridge, 1976, pp. 159-160.

[201] A. N. Field, *All These Things*, Omni Publications, Hawthorne, California, 1936, p. 7.

los financieros no son en absoluto servidores públicos, sino meros agentes pagados por los accionistas de una empresa bancaria y cuyos intereses no tienen la menor relación con el interés nacional."[202]

El Banco de Pagos Internacionales

El número de nuevos bancos centrales aumentó, especialmente "después de la creación del Banco de Pagos Internacionales en Basilea en 1930, [cuando] los bancos centrales de reserva (más o menos independientes de los gobiernos de los países en los que se encontraban) [surgieron] como hongos en todo el mundo, en medio de la aprobación unánime de los gobiernos y sus pueblos, ambos engañados por estos bancos que pretendían esclavizarlos".[203]

El objetivo original del BPI era facilitar el pago de las reparaciones de guerra por parte de Alemania según los términos del Tratado de Versalles, pero una vez que empezaron a sentirse los efectos de la Gran Depresión - provocada artificialmente- y los nacionalsocialistas tomaron el poder en enero de 1933, se suspendieron todos los pagos y el BPI tuvo que encontrar una nueva dirección, a saber, la promoción de la cooperación monetaria. En realidad, el BPI guía y dirige el sistema financiero mundial a través de los bancos centrales de cada país, 60 de los cuales están directamente afiliados a

---

[202] D. J. Amos, *The Story of the Commonwealth Bank*, Veritas Publishing Company Pty Ltd, Bullsbrook, Australia, 1986, p. 27.

[203] Ibid, p. 8.

él.

La sede del banco está en Basilea (Suiza) y actualmente se encuentra en un edificio de 18 plantas, que se asemeja a la torre de refrigeración de una central eléctrica. Es el banco central de los bancos centrales, sus funcionarios no son elegidos ni rinden cuentas a nadie, sus estatutos garantizan la inmunidad frente a las leyes nacionales y fiscales y tiene su propia fuerza policial privada. Además, en virtud de un acuerdo con el Consejo Federal Suizo, los archivos del Banco y todos sus documentos y datos electrónicos son inviolables en todo momento y lugar. Este acuerdo se remonta al artículo X del apartado 2 del Protocolo de La Haya que se firmó el 31 de agosto de 1929, y que especifica: "El Banco, sus bienes y activos, así como los depósitos u otros fondos que se le confíen, en el territorio de, o bajo la administración de... permanecerán libres de todo impedimento y medidas restrictivas, tales como la censura, la requisición, la incautación o la confiscación, en tiempo de paz o de guerra, así como libres de toda medida de represalia, prohibición o restricción a la exportación de oro o moneda y otras interferencias, restricciones o prohibiciones similares. » Sus reuniones quincenales, en las que se discute la economía mundial, se celebran en absoluto secreto. No hay un orden del día escrito, a menos que uno de los estatutos del banco requiera una revisión, y no se levantan actas. Las principales funciones del banco son oficialmente :

(i)   Facilitar la colaboración entre los bancos centrales mediante acuerdos.

(ii) Promover la estabilidad financiera

(iii) Búsqueda de soluciones políticas

(iv)   Actuar como contraparte de las transacciones financieras del banco central.

(v)   Actuar como agente o administrador en relación con las transacciones financieras internacionales.

Sin embargo, la verdadera naturaleza del BIS fue revelada en el libro *Tragedy and Hope*, escrito por un conocedor de la situación, el profesor Carroll Quigley de la Universidad de Georgetown, quien explicó:

"Además de todos estos objetivos pragmáticos, los poderes del capitalismo financiero tenían un objetivo de largo alcance, nada menos que crear un sistema global de control financiero en manos privadas, capaz de dominar el sistema político de cada país y la economía del mundo en su conjunto. Este sistema debía ser controlado feudalmente por los bancos centrales del mundo que actuaban de forma concertada mediante acuerdos secretos realizados en frecuentes reuniones y conferencias. La cúspide del sistema iba a ser el Banco de Pagos Internacionales de Basilea (Suiza), un banco de propiedad privada y controlado por los bancos centrales del mundo, que son a su vez organismos privados. Cada banco central, en manos de hombres como Montagu Norman, del Banco de Inglaterra, Benjamin Strong, de la Reserva Federal de Nueva York, Charles Rist, del Banco de Francia, y Hjalmar Schacht, del Reichsbank, trató de dominar a su gobierno a través de su capacidad para controlar el endeudamiento público, manipular el comercio exterior, influir en el nivel de actividad económica dentro del país y recompensar a los políticos cooperantes con posiciones influyentes en el mundo de los negocios."[204]

Ilusión y realidad: una cola de parados en Chicago en 1937.

Como predijo el profesor Quigley en 1966, el objetivo final del BPI es una moneda mundial única, un sistema económico mundial único y un gobierno mundial, donde las leyes nacionales ya no se aplican ni se justifican. El control del Banco está en manos de la Casa Rothschild a través de sus inversiones en varios bancos centrales y otros bancos privados.

Después de la Segunda Guerra Mundial y de la disolución de los imperios coloniales europeos, porque ya no eran económicamente viables y ofrecían mejores perspectivas de explotación a través de préstamos internacionales,[205] hubo una proliferación de bancos

---

[204] Carroll Quigley, *Tragedy and Hope, A History of the World in Our Time,* The Macmillan Company, Nueva York, 1966, p. 324.

[205] Para una descripción de cómo el Banco Mundial y el FMI en particular, a través del programa de ajuste estructural de este último, explotaron a los países en desarrollo con préstamos extranjeros, véase

centrales y hoy hay 155. Ocho de estos bancos son totalmente privados: el Banco Nacional de Bélgica, el Banco de Grecia, el Banco de Italia, el Banco de Japón, el Banco de la Reserva de Sudáfrica, el Banco Nacional de Suiza, el Banco Central de la República de Turquía y la Reserva Federal de Estados Unidos. La creación coordinada de todos estos bancos centrales demuestra sin lugar a dudas que todos forman parte de un "conglomerado bancario internacional".[206]

La Reserva Federal de Estados Unidos

Entre 1820 y 1910, aunque hubo una subida temporal de precios durante la Guerra Civil (1861-1866), el dólar conservó su poder adquisitivo, es decir, un dólar seguía valiendo un dólar 90 años después. Sin embargo, la Reserva Federal sólo tardó seis años en destruir el valor del dólar. Entre 1914 y 1920 los precios subieron un 125%, reduciendo su valor en un 56,1%.

Antes de centrar nuestra atención en la Gran Depresión, hay que hacer un breve repaso de las causas de la primera gran deflación. Para controlar los precios, el 18 de mayo de 1920 se celebró en Washington D. C. una reunión bancaria secreta bajo el engañoso título de Comité de Deflación Metódica de la Asociación de Banqueros. C. bajo el engañoso título de Comité de Deflación Metódica

---

P. T. Bauer, *Equality, the Third World, and Economic Delusion*, Harvard University Press, Cambridge, Massachusetts, 1981, p. 304, y J. Perkins, *Confessions of a Financial Assassin*, Alterre, 2005.

[206] A. N. Field, op. cit. p. 5.

de la Asociación Americana de Banqueros.[207] A instancias de la Reserva Federal, sin previo aviso ni advertencia, el tipo de descuento se elevó rápidamente del 2% al 9% y más allá. Simultáneamente, la Reserva Federal comenzó a vender agresivamente letras del tesoro, reduciendo su valor en un 20%. La caída del precio de las letras del tesoro redujo el valor de las reservas de los bancos, que se vieron obligados a solicitar los préstamos. Esto provocó una "terrible liquidación de todos los productos agrícolas"[208] y "los precios agrícolas cayeron en picado hasta su nivel más bajo, provocando la ruina de los agricultores".[209]

Al mismo tiempo, las empresas de transporte de mercancías, propietarias de los mayores monopolios, como los Harriman, aumentaron las tarifas de las carreteras hasta el punto de que en algunos estados el coste del transporte superaba el coste de la producción. El índice de producción agrícola cayó más de la mitad, de 244 a 117, un año después, en mayo de 1920. Muchos agricultores se arruinaron, ya que sus gastos generales no cambiaron, pero sus cargas financieras se dispararon.

Los poderes ilimitados de la Reserva Federal le permitieron reducir la oferta monetaria y el crédito en EE.UU. en 2 billones de dólares, lo que provocó "la reducción de los precios a la mitad y causó angustia y

---

[207] G. M. Coogan, *Creadores de dinero, ¿Quién crea el dinero? ¿Quién debe crearlo?* Omni Publications, Hawthorne, California, 1963, (publicado por primera vez en 1935), p. 62.

[208] Ibid, p. 62.

[209] Ibid, p. 62.

confusión".[210] Esta política se aplicó deliberadamente[211] para empobrecer el sector agrícola[212] mediante la transferencia de dinero de los centros rurales a los urbanos, al tiempo que se reducía la autosuficiencia alimentaria de Estados Unidos en el proceso, haciéndola vulnerable a las intrigas y caprichos de los ladrones y especuladores financieros.[213]

En julio de 1921, la Reserva Federal invirtió esta política con compras masivas de letras del tesoro. Sin embargo, los daños sufridos por los bancos agrícolas no pudieron ser reparados, y los productos agrícolas siguieron bajo una depresión artificial, algunos de los cuales se vendían incluso a precios inferiores a sus costes de producción.

En agosto de 1927, los conspiradores que poseían y dirigían la Reserva Federal decidieron que era el momento de crear una nueva "burbuja". A pesar de las protestas de 11 de los 12 Bancos Federales, que vieron los peligros, se les ordenó que bajaran sus tipos de redescuento y se embarcaran en un programa masivo de recompra de letras del tesoro (el equivalente moderno de la flexibilización cuantitativa) para aumentar la oferta

---

[210] A. N. Field, *The Truth About The Slump*, autoeditado, Nelson, Nueva Zelanda.

[211] Ibid, p. 200.

[212] El colapso deliberado del sector agrícola estadounidense puede compararse con la destrucción de la producción agrícola en la década de 1930 en Ucrania (frontera en ruso) por parte de Stalin y el posterior Holodomor (hambre en ruso) en el que seis millones de kulaks (puño en ruso) fueron ejecutados o murieron de hambre.

[213] A. N. Field, op. cit. p. 204.

monetaria.[214]

Muy poco de este dinero creado *ex nihilo se destinó* a inversiones productivas, sino que se inyectó en los mercados bursátiles, donde la relación precio/beneficio[215] pronto alcanzó el 20 y en algunos casos el 50. Los medios de comunicación y los "economistas" vendidos anunciaron una "nueva era" de prosperidad permanente y avivaron deliberadamente el fuego de la especulación mientras 16 millones de estadounidenses de una población adulta de 73 millones compraban y vendían acciones.

El 9 de marzo de 1929, el masón Paul Warburg, creador del Banco de la Reserva Federal, aconsejó a todos los bancos miembros, así como al Secretario del Tesoro, el también masón Andrew Mellon, que salieran del mercado de valores o vendieran en corto. Les informó de que, si actuaban inmediatamente, obtendrían enormes beneficios, ya que el índice Dow Jones estaba a punto de desplomarse.

El 24 de octubre de 1929, la Reserva Federal decidió poner fin a esta orgía de especulación y comenzar su estafa a gran escala. La tasa de redescuento subió repentinamente al 6%. Se enviaron miles de órdenes a la Bolsa de Nueva York desde todo el mundo para vender a "precio de mercado", una táctica típica utilizada por los especuladores para hundir los precios rápidamente. La confianza se evaporó de repente y se desencadenó la primera Gran Depresión planificada. El punto de

---

[214] G. M. Coogan, op. cit. p. 67.

[215] El ratio se calcula dividiendo el precio de la acción por el rendimiento por acción.

inflexión llegó seis días después, el 30 de octubre de 1929, cuando la Reserva Federal ordenó la contracción de 2,3 millones de dólares en préstamos a los corredores. El mercado de valores se desplomó y, en diciembre de 1932, el valor de los valores cotizados había caído un 83,1%, pasando de 89.000 millones de dólares a 15.000 millones.

Las consecuencias económicas y sociales de esta implosión fueron devastadoras. De los 24.000 bancos, 10.000 quebraron, dejando a sus depositantes en bancarrota. 200.000 empresas quebraron y 8,3 millones de personas se quedaron sin hogar. En tres años, el 24,9%[216] de la población activa estaba en paro. La renta nacional de Estados Unidos cayó un 40,7%, pasando de 81.000 millones de dólares en 1927 a 48.000 millones en 1932. Durante los años de la depresión, se estima que tres millones de personas murieron de hambre. Las principales causas eran la desnutrición, las enfermedades infecciosas y el suicidio.

Refiriéndose al colapso de la Bolsa de Valores de Nueva York que desencadenó la Depresión, el congresista Louis T. McFadden afirmó con precisión: "Este fue un evento cuidadosamente provocado... Los banqueros[217] buscaron crear condiciones desesperadas para emerger mejor

---

[216] Sociedad de Naciones, Estudio económico mundial: octavo año, 1938/1939 (Ginebra, 1939) p. 128.

[217] Durante las décadas de 1920 y 1930, el término "banqueros internacionales" era una expresión habitual para referirse a los banqueros judíos. Otro eufemismo utilizado fue el de "financieros cosmopolitas".

como los gobernantes supremos de todos nosotros."[218]

A. N. Field denunció la inutilidad de los bancos centrales y los fines pervertidos para los que se han utilizado constantemente:

"Los bancos centrales como medio para prevenir las crisis financieras han demostrado ser un completo fracaso en los Estados Unidos. Este hecho no ha sido en absoluto contrario a la creación de bancos centrales en todos los países. Se ha afirmado que los financieros que dirigen la Reserva Federal de EE.UU. no quieren condiciones estables, y que las burbujas y recesiones sin precedentes que se han producido desde su creación han sido provocadas deliberadamente. Es al menos cierto que quienes controlan el sistema han puesto las más fuertes objeciones a cualquiera que haya intentado que el Congreso promulgue una legislación que obligue a la Reserva Federal a utilizar su inmenso poder para mantener estable el poder adquisitivo de su moneda.[219]

En un artículo del *periódico Financial Times* de 1930, el profesor Karl Gustav Cassel[220], de la Universidad de Estocolmo, señalaba: "El poder absoluto sobre el bienestar del mundo se ha puesto prácticamente en

---

[218] A. N. Field, op. cit. p. 202.

[219] A. N. Field, *All These Things*, Omni Publications, Hawthorne, California, 1936, pp. 121-122.

[220] El profesor Cassel fue miembro fundador de la *Handelshögskolen i Stockholm* (Escuela de Economía de Estocolmo). La escuela se oponía fundamentalmente al patrón oro defendido por la Escuela Austriaca de Economía.

manos del Consejo de Administración de la Reserva Federal. Y uno no puede sino estar consternado por la forma aparentemente aleatoria en que estos directores utilizan este poder, y lo contrario que es a los requisitos que deberían guiar la política monetaria de Estados Unidos."[221]

Detengámonos un momento para transcribir el estruendoso discurso pronunciado el viernes 10 de junio de 1932 en la Cámara de Representantes por el antiguo Presidente de la Comisión Bancaria y Monetaria (1920-1931), el Honorable Louis T. McFadden:[222]

> "Señor Presidente, tenemos en este país una de las instituciones más corruptas que el mundo ha visto. Me refiero a la Junta de la Reserva Federal y a los Bancos de la Reserva Federal.
>
> Esta junta, un brazo del gobierno, ha defraudado al gobierno de los Estados Unidos y al pueblo estadounidense suficiente dinero para pagar la deuda nacional. Los estragos e injusticias de la Junta de la Reserva Federal y de los Bancos de la Reserva Federal, actuando de forma concertada, han costado a este país suficiente dinero para pagar la deuda nacional varias veces. Esta malvada institución ha empobrecido y arruinado al pueblo de los Estados Unidos; se ha arruinado a sí misma, y prácticamente ha hecho quebrar a nuestro gobierno. Lo ha

---

[221] A. N. Field, *The Truth About The Slump*, p. 118.

[222] *Collective Speeches of Congressman Louis T. McFadden'*, Omnia Publications, Hawthorne, California, 1970, Capítulo XVI, The Treacherous and Disloyal Conduct of the Federal Reserve and Federal Reserve Banks, pp. 298-329.

conseguido gracias a las lagunas de la ley bajo la que opera, a la mala aplicación de esa ley por parte del Consejo de Administración y a las prácticas corruptas de los ricos buitres que la controlan.

Algunas personas piensan que los Bancos de la Reserva Federal son instituciones del gobierno estadounidense. No lo son. Son monopolios crediticios privados que depredan al pueblo de Estados Unidos en beneficio propio y de sus clientes extranjeros; los especuladores y estafadores, y los ricos prestamistas depredadores. Esta oscura camarilla de piratas financieros da cobijo a personas que degollarían a un hombre para robarle el bolsillo; son los que inundan los estados con dinero para comprar votos y controlar nuestra legislación; y son los que mantienen la propaganda internacional para engañarnos y que les demos más concesiones para encubrir sus fechorías pasadas y perpetuar su gigantesca organización criminal.

Estos 12 monopolios crediticios fueron impuestos injusta y engañosamente en este país por banqueros de Europa que nos agradecieron nuestra hospitalidad saboteando nuestras instituciones estadounidenses. Estos banqueros utilizaron el dinero de este país para financiar a Japón en su guerra contra Rusia. Crearon un reino del terror en Rusia con nuestro dinero, para prolongar esa guerra, fueron los artífices de la paz separada entre Alemania y Rusia, que sembró la discordia entre los Aliados durante la Guerra Mundial. Financiaron los mítines masivos de Trotsky en Nueva York para difundir el descontento y la rebelión. Pagaron el viaje de Trotsky desde Nueva York a Rusia para que pudiera participar en la destrucción del Imperio

Ruso. Fomentaron y provocaron la Revolución Rusa y pusieron a disposición de Trotsky considerables sumas de dinero en una de sus sucursales bancarias en Suecia, para que a través de él los hogares rusos fueran completamente disueltos y los niños rusos separados de sus protectores naturales. Desde entonces, han comenzado su empresa de destruir los hogares americanos y dispersar a los niños americanos.

Se afirmó que el presidente Wilson había sido engañado por la atención que le prodigaban estos banqueros y por las posiciones filantrópicas que adoptaban. Se dice que cuando descubrió cómo había sido engañado por el coronel House, se separó de este entrometido, de este "santo monje" del imperio financiero, y le mostró la puerta. Tuvo el valor de hacerlo y, en mi opinión, demostró un gran mérito.

El presidente Wilson murió como una víctima de los abusos. Cuando llegó a la presidencia estaba dotado de ciertas cualidades de mente y corazón que le permitieron ocupar un alto cargo en esta nación; pero nunca aspiró a ser banquero. Siempre dijo que sabía poco de banca. Fue así, por consejo de otros, que la Ley de la Reserva Federal, la sentencia de muerte de la libertad americana, fue aprobada bajo su administración.

Sr. Presidente, no debería haber prejuicios cuando se trata de los asuntos bancarios y monetarios de este país, y yo hablo sin ningún prejuicio.

En 1912, la Asociación Monetaria Nacional, bajo la presidencia del difunto senador Nelson W. Aldrich, presentó un informe para preparar la legislación conocida como Ley de la Reserva Nacional. Aldrich, presentó un informe en preparación de la legislación conocida como Ley de Reserva Nacional. Esta legislación es más conocida como la Ley Aldrich. El senador Aldrich no escribió la Ley Aldrich. Fue el instrumento, no el cómplice, de los banqueros [judíos] europeos que durante casi 20 años habían estado planeando establecer un banco central en este país y que en 1912 habían gastado y continuado gastando grandes sumas de dinero para lograr su objetivo.

La Ley Aldrich fue denunciada tras la nominación de Theodore Roosevelt en 1912, y en el mismo año, cuando Woodrow Wilson fue nominado, el Partido Demócrata, según lo adoptado por la Convención de Biltmore, declaró explícitamente: "Nos oponemos al plan Aldrich de banca central. Todo esto es un discurso claro e inequívoco. Los líderes del Partido Demócrata prometieron entonces al pueblo que si eran elegidos para el cargo no se establecería ningún banco central mientras ellos llevaran las riendas del gobierno. Trece meses más tarde, esa promesa se rompió, y la administración Wilson, bajo la tutela de esos siniestros personajes de Wall Street que están detrás de la Casa del Coronel, estableció en nuestro país libre la torcida institución monárquica del "Banco del Rey" para controlarnos y esclavizarnos desde la cuna hasta la tumba. La Ley de la Reserva Federal ha destruido nuestra antigua forma de hacer negocios; discrimina nuestros instrumentos de comercio basados en el nombre,[223] el modelo más

---

[223] Un contrato comercial o un pagaré con una sola firma.

avanzado del mundo; ha restablecido la antigua doble denominación,[224] que es la actual maldición de este país, y que ha asolado a todos los países que la han practicado; ha impuesto a este país la misma tiranía de la que los padres de la Constitución trataron de protegernos.

Una de las mayores batallas para la preservación de esta República se libró aquí en tiempos de Jackson, cuando el Segundo Banco de los Estados Unidos, que fue fundado sobre los mismos falsos principios ejemplificados en la Ley de la Reserva Federal, fue puesto fuera de combate. Tras la caída del Segundo Banco de los Estados Unidos en 1837, se advirtió al país de los peligros de permitir que los intereses depredadores volvieran disfrazados, después de haberlos rechazado, permitiendo que se vincularan al poder ejecutivo y, a través de él, obtuvieran el control del gobierno. Sin embargo, esto es lo que hicieron estos mismos intereses, cuando volvieron a vestirse con ropajes hipócritas y lograron, bajo falsos pretextos, aprobar la Ley de la Reserva Federal.

El peligro contra el que se advirtió al país está ahora sobre nosotros, y nos presenta la larga cadena de horrores que acompañan a los tratos traicioneros y deshonestos de la Junta de la Reserva Federal y sus bancos afiliados. Mira a tu alrededor cuando salgas de esta sala y verás las pruebas por todas partes. Esta era de miseria económica es enteramente culpa de la Reserva Federal. Es una época de crímenes

---

[224] Un contrato comercial firmado por dos personas que acreditan su plena responsabilidad.

financieros, y en la financiación de estos crímenes, la Reserva Federal no es un espectador desinteresado.

El pueblo de los Estados Unidos está siendo muy engañado. Si no lo son, entonces no sé qué significa "engañar al pueblo". Han perdido sus puestos de trabajo. Han sido despojados de sus hogares. Han sido desalojados de sus viviendas. Perdieron a sus hijos. Se les dejó morir por falta de refugio, comida, ropa y medicinas.

La riqueza de los Estados Unidos y su productividad han sido confiscadas y toda ella yace en las arcas de ciertos bancos y grandes corporaciones o ha sido exportada a países extranjeros para el beneficio de esos clientes, bancos y corporaciones extranjeras. En lo que respecta al pueblo estadounidense, la copa está llena. Es cierto que los almacenes y depósitos de carbón y los elevadores de grano están llenos, pero los almacenes y elevadores están cerrados y los grandes bancos y corporaciones tienen las llaves.

El saqueo de los Estados Unidos por la Reserva Federal y sus compinches es el mayor crimen de la historia.

Señor Presidente, la Cámara de Representantes se enfrenta hoy a una grave situación. Somos los representantes del pueblo y se le están quitando los derechos al pueblo. A través de la Reserva Federal y sus bancos afiliados, se está privando al pueblo de los derechos que le garantiza la Constitución. Sus bienes han sido confiscados sin ni siquiera un proceso legal. Señor Presidente, la decencia común exige que examinemos las cuentas del gobierno por los delitos contra el bien público que se han cometido o se están cometiendo.

Lo que se necesita es volver a la Constitución de los Estados Unidos. Necesitamos un divorcio completo entre los bancos y el Estado. La antigua lucha que tuvo lugar aquí en tiempos de Jackson debe librarse de nuevo. La independencia del Tesoro de los Estados Unidos debe ser restaurada y el gobierno debe mantener su propio dinero bajo llave dentro del edificio proporcionado por el pueblo para ese propósito. Debemos deshacernos del papel moneda, instrumento de los estafadores.

El gobierno debería adquirir oro y emitir moneda basándose únicamente en las reservas que posee. La gestión de las empresas debe devolverse a los banqueros independientes. El sistema bancario estatal debe estar libre de toda restricción. Los distritos de la Reserva Federal deben ser abolidos y los límites de los estados deben ser respetados. Las reservas bancarias deben mantenerse dentro del Estado del que los ciudadanos son acreedores, y esta moneda de reserva del pueblo debe ser protegida para que los banqueros internacionales no puedan apoderarse de ella. Todo el comercio debe detenerse mientras ponemos en orden nuestros asuntos financieros. La Ley de la Reserva Federal y los Bancos de la Reserva Federal que han violado sus estatutos deben ser liquidados inmediatamente.

Los funcionarios desleales del gobierno que han violado su juramento en el cargo deben ser destituidos y llevados ante la justicia. A menos que se haga esto, predigo que el pueblo estadounidense, ultrajado, robado, saqueado, insultado y traicionado en su propio suelo, se rebelará y en su ira enviará aquí un presidente que expulsará a los mercaderes del templo." [Aplausos]

Del discurso anterior se desprende que las preocupaciones planteadas por el Partido Laborista de Sudáfrica durante el debate sobre la Ley Bancaria y Monetaria sudafricana, que "fue concebida en los Estados Unidos y no responde a los intereses del pueblo, sino de los bancos",[225] estaban por tanto plenamente justificadas. El hecho de que los ingenuos e ignorantes legisladores de 1920 permitieran la creación del Banco Central de Sudáfrica siguiendo el modelo de la Reserva Federal de los Estados Unidos, que el congresista McFadden describió como "una de las instituciones más corruptas y malvadas del mundo", es profundamente lamentable y debe ser condenado en términos inequívocos.

---

[225] *Cape Times*, 28 de julio de 1920.

El congresista **Louis Thomas McFadden** fue presidente de la Comisión de Banca y Moneda de Estados Unidos (1920-1931). Sus persistentes revelaciones sobre la enorme "organización criminal" de la Reserva Federal condujeron a su asesinato el 1 de octubre de 1936.

Clifford Hugh Douglas

Clifford Hugh Douglas (1879-1952) era un ingeniero que, mientras trabajaba como superintendente adjunto en la Real Fábrica de Aviones de Farnborough (Inglaterra) durante la Primera Guerra Mundial, se dio cuenta de que el coste total de las mercancías era superior a la cantidad de dinero pagada en salarios y dividendos. Decidió investigar este desequilibrio en la forma en que el dinero fluye a través de la industria y, tras recopilar datos de cientos de empresas, descubrió que había un déficit constante en el poder adquisitivo de los consumidores en relación con los costes totales de producción. Consideraba el impuesto sobre la renta como un dividendo negativo y proponía en su lugar el pago de un dividendo nacional a todos los ciudadanos, que cerraría la brecha entre ingresos y precios. Este dividendo proporcionaría a los consumidores el poder adquisitivo adicional necesario para absorber toda la producción actual de bienes de forma no inflacionaria. Esto forma parte del teorema de Douglas A+B, es decir, que los precios siempre aumentan a un ritmo más rápido que el que se generan los ingresos, de modo que el importe total de los precios de todos los bienes que circulan en la economía en cualquier fase supera el poder adquisitivo total de los consumidores. La teoría económica de Douglas, conocida como Crédito Social[226], defendía la

---

[226] En una carta a H. S. (Jim) Ede, fechada el 5 de abril de 1935, Laurence de Arabia expresaba su opinión sobre el plan de crédito de Douglas en el *Nacionalismo Económico* de Maurice Colbourne: "La economía es como las mareas. No conseguimos aprovecharla, pero fluye y refluye. Lo que habría que hacer es trazar un mapa, pero nadie puede distinguir su luna. *The Letters of T. E. Lawrence*, editado por

transferencia del proceso de creación de dinero de los bancos privados a un banco estatal, eliminando el privilegio de crear dinero de la nada en forma de deuda con intereses.

También propuso un mecanismo de ajuste denominado Precio Justo. Este mecanismo permitiría reducir los precios en un porcentaje, en relación con las consecuencias del aumento de la eficiencia del proceso de producción debido a las mejoras tecnológicas. De este modo, los beneficios de la tecnología llegarían directamente a los trabajadores y mejorarían sus condiciones de vida. Douglas era muy consciente de que estos crecientes avances tecnológicos harían imposible el objetivo del pleno empleo.

De ahí su insistencia en el pago de un dividendo nacional, calculado añadiendo a la renta mínima una parte del equivalente al aumento de los datos de producción y consumo nacionales.

Tras la Primera Guerra Mundial, Douglas dedicó el resto de su vida a promover sus ideas y dio conferencias en muchos países, como Australia, Canadá, Japón, Nueva Zelanda y Noruega. Tuvo dos éxitos notables:

(i)   El Partido del Crédito Social obtuvo el control del gobierno provincial de Alberta (Canadá) en 1935.

(ii)   Tras una gira de conferencias por Japón en 1929, sus soluciones fueron adoptadas por el gobierno japonés en 1935.

Las propuestas de Douglas eran muy temidas por los

D. Garnett, Jonathan Cape, Londres, 1938, p. 866.

banqueros internacionales y en la década de 1930 gastaron una considerable suma de 5 millones de libras[227] para contrarrestar su programa de despertar de las masas, que tuvo un gran éxito. Douglas no tenía más que desprecio por los banqueros centrales y en una ocasión, mientras daba un discurso en Newcastle-upon-Tyne en 1937, se refirió al Banco de Inglaterra como "un manicomio".[228]

Certificado de prosperidad emitido por el Partido de Crédito Social, Alberta, 1936

---

[227] Según la calculadora de inflación del Banco de Inglaterra, 5 millones de libras equivalían a 301 millones de libras en 2012.

[228] C. H. Douglas, *Security Institutional and Personal*, discurso pronunciado en el Ayuntamiento, Newcastle-upon-Tyne, 9 de marzo de 1937, p. 6. Ezra Pound, hablando en Radio Roma, el 1 de junio de 1943, llamó al Banco de Inglaterra "*la cloaca de Inglaterra*".

Clifford Hugh Douglas. Sus propuestas sobre el crédito social y la banca estatal fueron aceptadas por los gobiernos de Alberta, Canadá y el Imperio de Japón.

Irving Norton Fisher

Irving Fisher (1867-1947), fue un famoso profesor de economía de la Universidad de Yale, que adoptó un enfoque matemático para resolver los problemas económicos. Es conocido por su teoría de la utilidad, que yuxtapone la mensurabilidad de la función de utilidad con la teoría de la demanda. En su tratado, *La teoría del interés*, observó los cambios en el valor relativo de los bienes a medida que los tipos de interés variaban en el tiempo. Esto se convirtió en la Teoría Cuantitativa del Dinero. A lo largo de su vida participó activamente en el movimiento eugenésico.

En marzo de 1913, el senador Robert L. Owen, presidente del Comité Bancario del Senado, intentó aprobar un proyecto de ley alternativo para contrarrestar las propuestas bancarias y monetarias del fraudulento tándem Rothschild/Rockefeller.[229] La legislación habría permitido la inclusión de productos de primera necesidad en la base monetaria, además del oro y la plata, y así se habría evitado la posibilidad de inflación y deflación, creando una verdadera libertad en el mercado laboral. Irving Fisher ayudó a Owen a redactar el proyecto de ley, pero posteriormente fue chantajeado para que retirara su apoyo.

Este revelador párrafo está tomado de la obra de

---

[229] Los Rockefeller son descendientes de inmigrantes alemanes, posiblemente judíos, que deletrearon su nombre Roggenfelder durante la Edad Media, porque los judíos no eran considerados ciudadanos, fueron obligados por los príncipes alemanes a añadir el sufijo de un objeto inanimado a sus apellidos. De ahí -berg (montaña), -stein (piedra), etc.

Emmanuel Josephson *The Federeal Reserve Conspiracy & Rockefellers "Their Gold Corner"*, y describe perfectamente lo que siguió:

"Los conspiradores estaban decididos a impedir la introducción de la Ley Owen. Hicieron comparecer al profesor Fisher ante la dirección de Yale y se enfrentaron a él, calificando de "locura" su defensa de que el dinero debe estar basado y respaldado por un equivalente en mercancías distinto del oro. El senador Owen cuenta que Fisher fue advertido de que no habría lugar en Yale, ni en ninguna otra universidad, para alguien tan "tonto". El profesor Fisher era muy consciente de la mano que le daba de comer, y desgraciadamente era tan poco escrupuloso como la multitud de "profesores" prostituidos de los conspiradores y sus fundaciones. Cedió a su chantaje y traicionó al senador Owen al retirar su apoyo a la ley de recurso honesto que había ayudado a redactar. En su lugar, el profesor Fisher se posicionó a favor de lo que él llamaba burlonamente el dólar como "mercancía", cuyo valor debía ser determinado por un "índice de oro", lo que iba a traer una estabilización de la economía al dar a los valores de las mercancías del oro y el dólar una base especulativa que aumentaría diez veces el poder de los conspiradores para manipular, o "manejar" la economía para hacer más fácil para ellos defraudar a la nación. El *golpe final* [230]a la propuesta de ley monetaria del senador Owen lo asestó el presidente Wilson cuando la rechazó de

---

[230] N.D.T.: en francés en el texto.

plano.[231]

El Plan Chicago de 1933 del profesor **Irving Fisher**, que proponía un sistema bancario de reserva total, fue respaldado por los investigadores del Fondo Monetario Internacional en 2012.

En 1920, tras ceder y traicionar los esfuerzos del senador Owen por reformar la legislación bancaria y monetaria, Fisher publicó un libro titulado *Estabilización del dólar*,[232] que contenía lo que más tarde se conocería como el Plan Chicago.[233] El plan se publicó en privado

---

[231] E. M. Josephson, *The "Federal" Reserve Conspiracy & Rockefellers, Their "Gold Corner"*, Chedney Press, Nueva York, 1968, p. 51.

[232] A. N. Field, op. cit. p. 169.

[233] Fisher era consciente de las ventajas de una moneda de emisión

como un memorando de seis páginas y se distribuyó a 40 personas el 16 de marzo de 1933. Defendía que el Estado debía hacerse cargo de la creación de la oferta monetaria y que los bancos privados debían funcionar como bancos de reserva por derecho propio. Utilizando principios matemáticos, Fisher consiguió demostrar que el resultado sería el pleno empleo, los ciclos económicos también se abolirían y la inflación se reduciría a cero.

En agosto de 2012, dos investigadores del Fondo Monetario Internacional, Jaromir Benes y Michael Kumhoff, presentaron *The Chicago Plan Revisited*. Encontraron que cada uno de los argumentos de Fisher era 100% correcto. Esta es su conclusión:

> "Este estudio revisa el Plan de Chicago, una propuesta de reforma monetaria fundamental que fue defendida por muchos destacados economistas estadounidenses durante los momentos más críticos de la Gran Depresión. Fisher (1936), en su brillante resumen del Plan de Chicago, afirmaba que tenía cuatro grandes beneficios, que iban desde una mayor estabilidad macroeconómica hasta un nivel de endeudamiento mucho menor en toda la economía. En este estudio, hemos conseguido evaluar rigurosamente sus argumentos aplicando las directrices del Plan de Chicago a un modelo

---

pública, sin deuda y sin intereses a nivel local en Europa. En *Stamp Scrip*, Adelphi Publishers, Nueva York, 1933, dedicó el capítulo IV al primer experimento en el extranjero: Silvio Gesell. Gesell introdujo el papel moneda Wara (*Ware und Währung* - Bienes y Moneda) en la deprimida ciudad minera del carbón de Schwanenkirchen, Baviera. En el capítulo V: La repentina difusión de los "certificados", describe cómo los certificados transformaron la ciudad en crisis de Wörgl (Austria) en un centro de floreciente prosperidad.

monetario DSGE de última generación[234], que contiene un modelo perfectamente calibrado y microfinanciado del actual sistema financiero estadounidense en miniatura. La característica esencial de este modelo es que la oferta monetaria que circula en la economía es creada por los bancos, a través de la deuda, en lugar de ser creada sin deuda por el gobierno.

Los análisis y resultados de nuestra simulación validan plenamente las afirmaciones de Fisher (1936). El Plan de Chicago podría reducir significativamente la volatilidad de los ciclos económicos causada por el rápido cambio de los bancos ante el riesgo crediticio, eliminaría la probabilidad de corridas bancarias y llevaría a una reducción instantánea del nivel de deuda pública y privada. Lograría esta reducción devolviendo al Estado su poder de emisión, que representa justamente el bien común y no la deuda, ya que esta última se ha convertido en el principal activo de la economía, mientras que los bancos centran sus esfuerzos en la concesión de créditos para proyectos de inversión que requieren un control de riesgos y experiencia. Creemos que los beneficios del Plan de Chicago van incluso más allá de las posiciones defendidas por Fisher.

Uno de los muchos beneficios adicionales es la ganancia de productividad derivada de la eliminación o reducción de múltiples factores de distorsión, a saber, los tipos de interés con prima de

---

[234] Equilibrio general dinámico estocástico. (Dinámica estocástica del equilibrio general).

riesgo, los impuestos confiscatorios y la costosa e innecesaria vigilancia del riesgo macroeconómico. Otra ventaja se deriva de la capacidad de mantener la inflación cerca de cero en un entorno en el que no existe la congelación de la liquidez, y en el que el monetarismo se hace factible y deseable porque el gobierno tiene pleno control sobre los agregados monetarios. Esta capacidad de generar y mantener la inflación en cero es un resultado de suma importancia, porque responde a todas las afirmaciones, bastante confusas, de los opositores al monopolio exclusivo de la emisión de dinero por parte del gobierno, de que dicho sistema sería altamente inflacionario. No hay nada en nuestro análisis teórico que apoye este argumento. Y como se mencionó en la sección II, tampoco hay nada en toda la historia monetaria de las antiguas sociedades de las naciones occidentales que lo respalde." [235]

---

[235] Trabajo del FMI, agosto de 2012.
https://www.imf.org/external/pubs/ft/wp/2012/wp12202.pdf

CAPÍTULO VI

AUGE Y CAÍDA DEL SISTEMA
BANCARIO ESTATAL (1932-1945)

"Como saben, el patrón oro provocó la ruina de los estados que lo adoptaron, porque nunca pudo satisfacer sus necesidades monetarias, ya que sacamos el oro de la circulación en la medida de lo posible".

- Protocolo nº 20[236]

"Entonces afirmé que el patrón oro, la fijación de los tipos de cambio, etc., no eran más que galimatías que nunca he considerado ni consideraré como principios económicos inmutables. El dinero, para mí, era simplemente un medio de intercambio por el trabajo realizado, y su valor dependía absolutamente del valor del trabajo realizado. Cuando el dinero no representaba un servicio prestado, insistía en que no tenía ningún valor."

- Adolf Hitler[237]

El Reichsbank: El Banco del Estado de la Alemania nacionalsocialista

Al lado del caos mundial y de la devastación económica de los años 30, causados por los bancos centrales

---

[236] *The Protocols of the Elders of Zion*, traducido del ruso por Victor E. Marsden, antiguo corresponsal en Rusia de *The Morning Post*, Londres, 1934, p. 214. (Victor Marsden fue el relaciones públicas de Su Alteza Real el Príncipe de Gales durante su gira por el Imperio en 1920).

[237] *Hitler's Table Talk*, editado por M. Bormann, Ediciones Ostera, 2012, p. 311.

controlados por los Rothschild, surgieron tres fénix.

En mayo de 1919, un soldado raso asistió a una conferencia de un antiguo ingeniero civil convertido en economista, el Dr. Gottfried Feder (1883-1941), titulada "Manifiesto para romper las cadenas del desgaste".[238]

El objetivo de esta serie de conferencias era proporcionar a los soldados unos conocimientos básicos de política y economía, que les permitieran seguir los numerosos movimientos políticos revolucionarios activos en Múnich en aquella época. Las siguientes citas de *Mein Kampf*[239] revelan la influencia decisiva que tuvo Feder en las ideas de Adolf Hitler.

> "Por primera vez en mi vida, escuché un discurso que trataba de los principios del mercado de valores y del capital utilizado por las actividades de crédito. Tras escuchar la primera conferencia de Feder, tuve inmediatamente la idea de que había encontrado uno de los requisitos más elementales para la creación de un nuevo partido.

> "Para mí, el mérito de Feder residió en su manera mordaz y despiadada de describir el doble carácter del capital bursátil y de las transacciones de préstamo, exponiendo el hecho de que este capital

---

[238] En 1917, Feder fundó una organización llamada *Deutscher Kampfbund gegen Zinsknechtschaft* (Liga de Combate Alemana para la Abolición de la Usura). En 1919, publicó su manifiesto en un capítulo titulado *¡Un Alle, Alle! Das Manifest zur Brechung der Zinsknechtschaft* (¡Para todos, para todos! El Manifiesto por la Abolición de la Servidumbre Usuraria) en su libro *Kampf gegen die Hochfinanz* (La lucha contra las altas finanzas).

[239] A. Hitler, *Mein Kampf*, 1939, p. 122.

sigue siendo y siempre depende del pago de intereses. En las cuestiones fundamentales, sus declaraciones estaban tan llenas de sentido común que sus críticos nunca negaron[240] que sus ideas tuvieran sentido, pero dudaban de que fuera posible aplicarlas. A mí me pareció el elemento más convincente de las enseñanzas de Feder, aunque otros lo vieron como una debilidad.[241]

Y también :

"Me di cuenta inmediatamente de que estos preceptos contenían una verdad de importancia trascendental para el futuro del pueblo alemán. La separación absoluta del capital bursátil de la vida económica de la nación permitiría oponerse al proceso de internacionalización del comercio alemán sin atacar al capital como tal, pues esto sólo pondría en peligro los fundamentos de nuestra independencia nacional. Vi claramente lo que se estaba desarrollando en Alemania, y me di cuenta de que la lucha que teníamos que librar no era contra las naciones enemigas, sino contra el capital internacional. En el discurso de Feder encontré un grito de guerra para la lucha que tenemos por delante".[242]

---

[240] N.D.T.: en francés en el texto.

[241] Ibid, p. 124.

[242] Ibid, p. 124.

Gottfried Feder (1883-1941), que diseñó toda la política financiera del NSDAP. Más tarde cayó en desgracia con Hitler por su falta de apoyo al plan de este último de utilizar combustible sintético para sustituir el carbón.

Unas semanas después, Hitler recibió instrucciones de sus superiores militares para investigar una asociación política llamada *Deutsche Arbeiterpartei* (Partido Obrero Alemán). En esta reunión pública, que tuvo lugar el 19 de septiembre de 1919 en la posada Sterneckerbrau de Múnich, estuvieron presentes entre 20 y 25 personas. El orador principal fue Gottfried Feder. Poco después, Hitler se afilió al partido y recibió un certificado de afiliación provisional con el número siete. Su primera medida al tomar el control del partido fue rebautizarlo como *Nationalsozialistische Deutsche Arbeiterpartei* (Partido Nacionalsocialista Alemán de los Trabajadores).

Feder, que fue el principal redactor de los 25 principios fundacionales del partido, se convirtió en el arquitecto y teórico de su programa. En julio de 1933 fue nombrado Subsecretario de Estado para Asuntos Económicos y en 1934 *Reichskommissar* (Comisario del Reich).

Hiperinflación alemana - Trabajadores recibiendo su paga en cestas de ropa en 1923.

La reforma monetaria era la quintaesencia del nacionalsocialismo, como revelan los siguientes extractos del *Programa del NSDAP, El Partido Obrero Alemán Nacional Socialista y sus Conceptos*

Generales[243], publicado en Múnich en 1932.

Adolf Hitler hizo imprimir sus dos principales objetivos en letras grandes:

"El interés común ante sí mismo -espíritu del programa La abolición de la esclavitud - El corazón del nacionalsocialismo.

"Una vez que estos dos preceptos se cumplan, demostrarán el carácter victorioso de su contenido universal que ordena la sociedad, borrando la actual separación de estado, nación y economía bajo la influencia corruptora de las teorías individualistas imperantes. La farsa reina hoy en día. Se oprime a las clases trabajadoras, se protegen las ganancias fraudulentas de los banqueros y especuladores, permitiendo el enriquecimiento privado irresponsable, en detrimento de toda estabilidad política; de todo pensamiento elevado en el pueblo, y en ausencia de todo vínculo moral superior y sentido de unión. El poder del dinero, el más despiadado de todos los poderes, tiene el control absoluto y ejerce una influencia corruptora y destructiva sobre el Estado, la nación, la sociedad, la moral, el mundo cultural y sobre todas las cuestiones de moralidad menos fáciles de estimar.[244]

"Romper la esclavitud de la usura es nuestro grito

---

[243] G. Feder, *El programa del NSDAP, El Partido Obrero Nacional Socialista Alemán y sus conceptos generales*, Munich, 1932, p. 51.

[244] Ibid, p. 21.

de guerra.[245] ¿Qué entendemos por la esclavitud de la usura? Bajo este yugo se encuentra el terrateniente, que tiene que pedir préstamos para financiar su explotación, préstamos con un tipo de interés tan alto que prácticamente se llevan todo el producto de su trabajo, o que se ve obligado a endeudarse y arrastrar hipotecas como si fueran correas invisibles. Lo mismo ocurre con el trabajador, que produce en tiendas y fábricas por una miseria, mientras que el accionista obtiene dividendos y bonificaciones para los que no ha tenido que trabajar. Lo mismo ocurre con la clase media, cuyo producto laboral se utiliza casi en su totalidad para pagar los intereses de los descubiertos bancarios.[246]

"El yugo de los intereses es la verdadera expresión de los antagonismos, capital/trabajo, sangre/dinero, trabajo creativo/explotación. La necesidad de romper este yugo es de tal importancia para nuestra nación y nuestra raza, que sólo en ella descansa la esperanza de que la nación se libere de la vergüenza y la esclavitud; de hecho, la esperanza de recuperar la felicidad, la prosperidad y la civilización en todo el mundo. Es el punto de apoyo en torno al cual gira todo; es mucho más que la mera necesidad de la política financiera. Aunque sus principios y consecuencias están profundamente implicados en la vida económica y política, es una cuestión de importancia primordial para cualquier estudio económico, y por lo tanto afecta a cada individuo y

---

[245] Ibid, p. 25.

[246] Ibid, p. 26.

requiere una decisión de cada uno de ellos: servir a la nación o enriquecerse de forma ilimitada. Representa una solución a la Cuestión Social.[247]

Nuestro principio financiero: las finanzas deben servir al interés del Estado; los magnates financieros no deben formar un Estado dentro del Estado. De ahí nuestro objetivo de romper las cadenas de la usura.

Para liberar al Estado, y por tanto a toda la nación, de su endeudamiento con las grandes casas financieras, que prestan a interés.

La nacionalización del Reichsbank y de los bancos de emisión con intereses.

Proporcionar dinero para los grandes proyectos públicos (energía hidroeléctrica, ferrocarriles, etc.), no mediante préstamos, sino emitiendo letras del tesoro sin intereses y sin utilizar efectivo.

La introducción de un patrón monetario fijo sobre una base estable.

La creación de un banco mercantil nacional (reforma monetaria) para conceder préstamos sin intereses.

Reestructuración fundamental del sistema tributario sobre la base de principios socioeconómicos. Alivio del consumidor de la carga de la fiscalidad indirecta, y del productor de la fiscalidad paralizante y

---

[247] Ibid, p. 27.

confiscatoria (reforma y exención fiscal).[248]

La impresión irresponsable de billetes, sin ninguna creación de valor añadido, conduce a la inflación. Todos lo sufrimos. Pero la conclusión correcta es que la emisión de letras del tesoro sin intereses por parte del Estado no puede generar inflación, si al mismo tiempo se crea nuevo valor añadido.

El hecho de que hoy en día las grandes empresas no puedan volver a ponerse en pie sin recurrir a los préstamos es una auténtica locura. Aquí es donde el uso sensato del derecho soberano a acuñar moneda puede producir los resultados más beneficiosos.[249]

El 30 de enero de 1933, los nacionalsocialistas fueron catapultados al poder[250] mediante una coalición entre el *Regierung der Nationalen Konzentration (Gobierno de* Concentración Nacional) y el *Deutschnationale Volkspartei (*Partido Nacional del Pueblo Alemán). Se aplicó una versión bastante saneada de la reforma monetaria. Para financiar las obras estatales y los programas de rearme, se crearon dos sociedades ficticias llamadas *Gesellschaft für Offentliche Arbeiten* (Offa) y *Metallforschung Gesellschaft* (Mefo). Estas empresas aceptaban cartas de crédito de los proveedores que

---

[248] Ibid, p. 30.

[249] Ibid, p. 43.

[250] En las elecciones del 6 de noviembre de 1932, los nacionalsocialistas obtuvieron 11.737.398 votos, es decir, el 33,1%. En las elecciones del 5 de marzo de 1933, el NSDAP obtuvo 17.277.180 votos, es decir, el 43,9% del voto popular. En las elecciones del 12 de noviembre de 1933, que se celebraron en forma de referéndum, el NSDAP obtuvo 39.655.224, es decir, el 92,1% del total de los votos, sobre el 95,3% de los votantes.

cumplían los pedidos del Estado. Estas cartas de crédito se descontaron en el Reichsbank a un tipo del 4%. Sólo se emitieron por tres meses, lo que resultaba claramente insatisfactorio dado el carácter a largo plazo de los distintos proyectos que financiaban. No obstante, pueden prorrogarse a intervalos de tres meses durante un máximo de cinco años.

En enero de 1939, las cosas llegaron a un punto crítico cuando el presidente del Reichsbank, Hjalmar Schacht, se negó a conceder una prórroga a Offa y Mefo por valor de 3.000 millones, temiendo que esto provocara "inflación". El 7 de enero de 1939, Schacht envió a Hitler un memorando firmado por él mismo y por los otros ocho miembros del consejo del Reichsbank, que contenía los siguientes puntos principales

1) El Reich sólo tiene que gastar la cantidad cubierta por los impuestos.

2) El control financiero total debe volver al Ministerio de Finanzas. (Luego se le obliga a pagar todos los gastos militares).

3) Hay que hacer efectivos los controles de precios y salarios. Hay que poner fin a la actual mala gestión.

4) La utilización del mercado monetario y de inversiones debe seguir siendo una prerrogativa exclusiva del Reichsbank. (Esto significó la eliminación práctica del Plan Cuatrienal de Göring).[251]

---

[251] E. N. Peterson, *Hjalmar Schacht: a favor y en contra de Hitler:*

Schacht concluye su memorándum en términos ambiguos: "Estaríamos encantados de cooperar lo mejor posible con todos los objetivos futuros, pero ahora ha llegado el momento de parar."[252]

Con estos medios, la intención de Schacht era colapsar la economía alemana,[253] que en el periodo 1933-1939 había aumentado su Producto Interior Bruto en un 100%. De una nación arruinada en enero de 1933, con 7.500.000 parados,[254] Hitler había transformado Alemania en un moderno paraíso socialista. Como es lógico, se enfadó y rechazó las recomendaciones del Reichsbank por considerarlas un "motín".[255] Dos semanas después, Schacht fue despedido. Roger Elletson describe este momento memorable: "El 19 de enero de 1939, Schacht fue destituido sumariamente, y el Reichsbank recibió la orden de conceder al Reich todos los créditos solicitados

---

Un estudio político-económico de Alemania, 1923-1945, The Christopher Publishing House, Boston, 1954, p. 179.

[252] J. Weitz, *Hitler's Banker Hjalmar Horace Greely Schacht,* Little, Brown and Company, Londres, 1999, p. 17.

[253] Ibid, p. 343. Una pista sobre la lealtad de Schacht se reveló en su funeral, unos días después de su muerte a la edad de 93 años, el 4 de junio de 1970. Una de las coronas de flores sobre su féretro contenía una tarjeta que decía: "Al compañero de los días difíciles - Fundación 20 de julio". Los miembros de esta organización habían intentado sin éxito asesinar a Hitler el 20 de julio de 1944.

[254] De los 7.500.000 desempleados, 5.575.492 estaban registrados como parados, mientras que otros 4.000.000 estaban empleados a tiempo parcial. *Anuario Estadístico de la Sociedad de Naciones,* 1940, Ginebra, p. 70. Véase también B. R. Mitchell, Estudios históricos internacionales, Europa 1750-1993, cuarta edición.

[255] D. Marsh, *The Bundesbank: The Bank That Rules Europe,* William Heinemann Ltd, Londres, 1992, p. 119.

por Hitler. Esta acción decisiva emasculó de un plumazo el control del Reichsbank sobre la política monetaria nacional, y la base de poder alemana de la judería internacional. Los banqueros judíos acababan de ser despojados del poder de devaluar y destruir la economía alemana."

Aparte de las implicaciones de los intereses pagados por el Mefo, Alemania podría considerar que ahora está operando completamente bajo el "sistema Feder", en lugar del "sistema Schacht". El Reichsbank se convirtió en un arma eficaz del gobierno, con el único cambio de que ahora las letras de cambio se monetizaban, o se redimían, bajo los auspicios del Estado y no por un lacayo judío en la silla del Reichsbank.[256] Así, en enero de 1939, el Reichsbank se convirtió en un auténtico banco estatal. La dimisión de Schacht también puso fin a la transferencia de información confidencial relativa a toda la evolución económica de Alemania,[257] que se

---

[256] R. E. Elletson, *Monetary Parapometrics: A Case Study of the Third Reich*, Christian International Publications, Wilson, Wyoming, 1982, p. 57.

[257] D. Irving, *The War Path: Hitler's Germany 1933-1939*, Macmillan, Londres, 1978, p. 172. Nota: "Montagu Norman, gobernador del Banco de Inglaterra, dijo al embajador estadounidense Joseph Kennedy que Schacht había sido su informante constante durante 16 años sobre las precarias condiciones financieras de Alemania (el embajador Kennedy informó de esto a Washington el 27 de febrero de 1939). En 1946 Norman intentó interceder por Schacht en Nuremberg a través de un hermano masón británico del equipo de la acusación, Harry Phillimore (Schacht también era masón). El equipo estadounidense rechazó de plano las insinuaciones de Phillimore, pero el juez inglés, Birkett, concedió la absolución. Véase también D. Irving, *Nuremberg The Last Battle*, editorial Focal, Londres, 1996, pp. 271-272. Montagu Norman fue también el padrino

había entregado continuamente a Montagu Norman,[258] un hermano masón y gobernador del Banco de Inglaterra (1920-1944).

Una nueva ley del Reichsbank, promulgada el 15 de junio de 1939, hizo que el banco estuviera **"incondicionalmente sometido a la soberanía del Estado".**[259]

El artículo 3 estipulaba que el banco, rebautizado como *Deutsche Reichsbank*, debía ser "dirigido y gestionado según las instrucciones y bajo la supervisión del Führer y del Canciller del Reich".[260] Hitler era ahora su propio banquero, pero al haberse desvinculado de los estafadores y usureros internacionales, iba a sufrir, como Napoleón Bonaparte, que en 1800 había establecido el Banco de Francia como banco estatal, el mismo destino; se produjo una guerra innecesaria que trajo la ruina a su pueblo y a su país. Fue este acontecimiento el que desencadenó la Segunda Guerra Mundial: los Rothschild se dieron cuenta de que la réplica universal del sistema bancario estatal sin usura de Alemania destruiría su malvado imperio financiero para siempre. Para dar a los polacos vía libre para oponerse y provocar a los

---

del bisnieto más joven de Schacht, Norman. Véase la visita de Mr. Norman a Berlín, *The Glasgow Herald*, 5 de enero de 1939, dos días antes de que Schacht enviara su insolente memorándum a Hitler.

[258] Montagu Norman era un personaje subrepticio, que adoptaba un modo de viajar de capa y espada, y una vez fue visto saliendo de la escotilla de carga de un carguero. Además de utilizar el mencionado seudónimo de profesor Skinner, en ocasiones utilizaba su segundo nombre, Collet, como apellido.

[259] D. Marsh, op. cit. p. 128.

[260] Ibid, nota 40, p. 300.

alemanes, Gran Bretaña hizo una oferta engañosa y sin valor[261] para garantizar la soberanía de Polonia el 31 de marzo de 1939.

El "**Wilhelm Gustloff**" (24.484 toneladas brutas), que lleva el nombre del líder de los nacionalsocialistas suizos. Como parte del programa *Kraft durch Freude* (Esfuerzo con alegría), los trabajadores alemanes que ganan menos de 300 RM al mes pueden permitirse embarcar en cruceros a destinos exóticos. Sin embargo, a estos cruceros se les prohibió entrar en los puertos británicos por temor a crear malestar y envidia entre los trabajadores británicos pobres y desempleados.

---

[261] Era un cheque en blanco que probablemente sería rechazado, ya que Gran Bretaña sólo estaba dispuesta a acudir en ayuda de Polonia en caso de una invasión alemana de Polonia o de una invasión polaca de Alemania, pero en absoluto si se trataba de la Unión Soviética. Los polacos no eran conscientes de esta posibilidad. Los soviéticos acabaron anexionando la mayor parte de Polonia, 77.300 millas cuadradas, frente a las 49.800 millas cuadradas devueltas a Alemania. El Secretario de Estado Ernst von Weizsäcker citado en D. L. Hoggan, *The Forced War: When Peaceful Revision Failed*, Institute for Historical Review, Costa Mesa, California, 1989, p. 391, describiendo con desdén que "la garantía británica a Polonia era similar a dar azúcar a un niño pequeño abandonado a su suerte".

El interior del "Wilhelm Gustloff

En septiembre de 1939, la **Reichsautobahn** cubría 3.862 km. No fue diseñado estéticamente para servir a un propósito utilitario, sino para proporcionar al automovilista una vista impactante del paisaje.

Durante los cinco meses siguientes, el gobierno polaco intensificó gradualmente la opresión, el acoso y los ataques contra el millón y medio de alemanes que vivían en Polonia. Estos ataques,[262] en los que 58.000 civiles alemanes fueron asesinados por los polacos en ataques ocasionales de salvajismo, culminaron con la masacre de Bromberg el 3 de septiembre de 1939, que se cobró 5.500 vidas. Inicialmente, estas provocaciones y atrocidades fueron ignoradas estoicamente. Finalmente, Hitler se vio obligado a recurrir a la intervención militar para proteger a los alemanes en Polonia. El 30 de agosto de 1939, en un acto de estadista, Hitler volvió a formular las propuestas de Marienwerder al gobierno polaco.[263]

Las cuatro propuestas principales eran

(i)   El mantenimiento de las fronteras existentes tal y como se determinó en el Tratado de Versalles.

(ii)   El retorno a Alemania de la población de Danzig (370.000 personas), el 97% de las cuales eran alemanas.

(iii)   La construcción de una autopista de 96 km de longitud y una línea de ferrocarril que une Prusia Occidental y Oriental desde Schönlanke hasta Marienwerder.

---

[262] D. L. Hoggan, op. cit, cap. 16, *Los alemanes aterrorizados de Polonia*, pp. 388-390, y los disturbios de Łódź, pp. 391-392. Hoggan también afirma que: "... no había ninguna duda entre las personas bien informadas de aquella época [1939] de que los alemanes estaban cometiendo atrocidades horribles en Polonia todos los días", p. 554.

[263] *Das Letze Angebot in Verheimlichte Dokumente - Was den Deutschen verschwiegen wird* (La última propuesta a través de documentos secretos - que se mantienen ocultos a los alemanes), Fz-Verlag, Munich, 1993, pp. 172-174. Contiene los 16 puntos completos.

(iv)   Un intercambio de población entre alemanes y polacos.

Por orden de los banqueros internacionales, el Secretario de Asuntos Exteriores británico, Lord Halifax, aconsejó encarecidamente al gobierno polaco que no negociara.[264] Así es como se inició la Segunda Guerra Mundial, lo que pone fin a la mentira de la culpabilidad alemana. A partir de 1939, aunque Alemania realizó al menos 28 intentos conocidos de paz incondicional, todos fueron rechazados. La guerra forzada que siguió resultó en la victoria de los financieros internacionales y en la derrota y esclavización de los pueblos de Europa y, de hecho, de todo el mundo. En Europa, esta esclavitud se completó finalmente con la creación del Banco Central Europeo, controlado por los Rothschild, el 1 de junio de 1998, y la introducción del *euro* el 1 de enero de 1999.

Los logros del sistema bancario estatal alemán

Uno de los primeros efectos beneficiosos que el sistema bancario estatal y la reforma monetaria aportaron al pueblo alemán fue la provisión de una vivienda adecuada. En el periodo 1933-1937 se construyeron 1.458.178 viviendas nuevas con los estándares más avanzados de la época.[265] Cada casa no podía tener más de dos pisos y debía tener un jardín. Se desaconsejaba la construcción de pisos y los alquileres residenciales no podían superar los 25 RM al mes, es decir, 1/8 de los ingresos medios de un trabajador. Los empleados que

---

[264] D. H. Hoggan, op. cit. pp. 565-569.

[265] Entre 1932 y 1938, el índice de edificios terminados aumentó un 163,2%, pasando de 38 a 100.

ganan sueldos más altos pagan un máximo de 45 RM al mes.

Se conceden préstamos sin intereses de hasta 1.000 RM (equivalente a cinco meses de salario), conocidos como *Ehestanddarlehen* (crédito matrimonial) a las parejas jóvenes. El crédito era reembolsable al 1% mensual, pero por cada hijo nacido se renunciaba al 25% del importe del préstamo. Así, si una familia tenía cuatro hijos, se consideraba que el préstamo estaba totalmente reembolsado. El mismo principio se aplicó a los préstamos para la vivienda, que se emitieron por un periodo de diez años a un tipo de interés muy bajo. El nacimiento de cada hijo también supuso la cancelación del 25% del préstamo,[266] educación escolar, los institutos técnicos y las universidades eran gratuitos, mientras que un sistema de salud universal ofrecía asistencia sanitaria gratuita para todos. [267]

---

[266] S. M. Goodson, *Illustrated Guide to Adolf Hitler & The Third Reich (Guía ilustrada de Adolf Hitler y el Tercer Reich),* Washington D.C., The Barnes Review, 2009, p. 15.

[267] El sistema se financiaba con una pequeña contribución de los salarios de los trabajadores a la *Allgemeine Ortskrankenkasse (Caja General de Salud Local).*

El coche del pueblo - **Adolf Hitler** visita la fábrica de 'Volkswagen' en Wolfsburg, 1938. El nombre propuesto para la nueva ciudad era Hitlerstadt, pero Hitler objetó que prefería adoptar su seudónimo Wolf en su lugar.

Durante el periodo 1933-1937, las importaciones aumentaron un 31%, pasando de 4.200 millones de RM a 5.500 millones de RM, mientras que las exportaciones, sobre todo al sureste de Europa, se dispararon un 20,4%, pasando de 4.900 millones de RM a 5.900 millones de RM. Este aumento del comercio queda ilustrado por el incremento del 76,9% en el transporte marítimo interior, que pasa de 73,5 a 130 millones de toneladas transportadas, y del 69,4% en el transporte marítimo, que pasa de 36 a 61 millones de toneladas. A lo largo de este periodo, el comercio se vio muy favorecido por el trueque, evitando el sistema de pagos internacionales y la obligación de pagar comisiones e intereses por las letras de cambio. A finales de la década de 1930, el 50% de todo el comercio exterior se realizaba mediante transacciones basadas en el trueque. Durante el mismo periodo, el gasto en infraestructuras viarias y, en particular, en la Reichsautobahn, de la que se completaron 3.862 km en septiembre de 1939, aumentó un 229,5%, pasando de 440 millones de RM a 1.450 millones de RM. La construcción de esta gigantesca autopista, aparte de su significado simbólico, era necesaria para dar cabida al creciente número de vehículos, que aumentó un 425%, pasando de 41.000 a 216.000 matriculaciones, y para hacer frente al aumento aún más espectacular del 622% de los turismos, que pasaron de 7.000 a 50.600.

Entre 1932 y 1938, la producción de mineral de hierro aumentó un 45,4%, pasando de 843.000 a 1.226.000 toneladas. El mineral alemán sólo contenía un 25% de hierro, en contraste con el mayor contenido de hierro del mineral sueco, que Alemania no podía permitirse. Esta dificultad fue superada por el proceso Krupp-Renn, que produjo acero de alta calidad. Entre 1932 y 1939, el índice de producción de carbón aumentó un 85,5%, de 69 a 128, mientras que el índice de energía aumentó durante el mismo periodo un 76%, de 75 a 132.[268]

Esta actividad económica en constante aumento hizo que la tasa de desempleo, que había alcanzado el 30,1% en 1933, se redujera casi a cero en julio de 1939,[269] por lo que hubo que animar a los trabajadores jubilados a volver a trabajar para suplir la escasez de mano de obra. Por el contrario, la tasa de desempleo en Estados Unidos, que había alcanzado el 25,1% en 1933, sólo había descendido marginalmente, según el National Industrial Conference

---

[268] *Anuario Estadístico de la Sociedad de Naciones*, op. cit., p. 169. Los índices de producción fueron proporcionados por *Konjunkturforschung*, basándose en el año 1928.

[269] En julio de 1939, 38.379 personas estaban registradas como desempleadas.

Board, hasta el 19,8% en enero de 1940;[270] una situación que debe atribuirse a las políticas irracionales pero deliberadas de la Reserva Federal, controlada por los Rothschild, y del sector bancario privado parasitario.

La renta nacional de Alemania creció un 43,8%, pasando de 45.200 millones de RM a 65.000 millones de RM entre 1932 y 1937, mientras que entre 1932 y junio de 1939 el índice de producción de bienes aumentó un 219,6%, pasando de 46 a 147,[271] y sin embargo el coste de la vida sólo subió un 4%, es decir, menos de un 1% al año, tasa que se mantendría a lo largo de los 12 años de banca estatal bajo el nacionalsocialismo. La política monetaria alemana "no era inflacionista porque el gasto público aumentaba la demanda, lo que a su vez incrementaba la cantidad de bienes disponibles.[272]

En 1939, Alemania se había convertido en el país más poderoso de la historia europea. Su Producto Interior Bruto crecía al 11% anual, y se había duplicado en los seis años de existencia de la banca estatal. Los alemanes son ahora el pueblo más feliz y próspero del mundo, con pleno empleo y el mayor nivel de vida. Este éxito se consiguió gracias al duro trabajo del pueblo alemán y al apoyo de un sistema monetario honesto no basado en la usura ni en el patrón oro.

Uno de los mitos propagados por los historiadores oficiales es que el renacimiento económico alemán se basó en la producción de armas. El siguiente cuadro

---

[270] *Anuario Estadístico de la Sociedad de Naciones*, op.cit., p. 70.

[271] Ibid, p. 169.

[272] R.E. Elletson, op.cit., p. 60.

revela el modesto nivel de gasto militar, que sólo empezó a crecer en 1938/1939, cuando Alemania empezó a sentirse amenazada por sus vecinos.

Años	Gasto militar RM	Renta Nacional
1933/34	1.900 millones	4%
1934/35	1.900 millones	4%
1935/36	4.000 millones	7%
1936/37	5.800 millones de euros	9%
1937/38	8.200 millones de euros	11%
1938/39	18.400 millones de euros	22%

Fuente: Deutsche Reichsbank

Incluso un gasto del 22% de la renta nacional en defensa, justo antes del estallido de la Segunda Guerra Mundial, puede considerarse no demasiado excesivo, si tenemos en cuenta que las fronteras de Alemania tienen pocos límites naturales y que en aquella época estaba rodeada de vecinos hostiles: Checoslovaquia, Francia y Polonia. Alemania también tuvo que reponer el armamento que se le había prohibido adquirir en virtud del Tratado de Versalles. El historiador inglés A. J. P. Taylor, escribe: "El estado de los armamentos alemanes en 1939 proporciona una prueba decisiva de que Hitler no había planeado una guerra general, y probablemente no tenía intención de ir a la guerra en absoluto.[273]

---

[273] A.J.P. Taylor, *The Origins of the Second World War*, Hamish Hamilton, Londres, 1961, 218.

Evolución de la posguerra

En mayo de 1945, el *Deutsche Reichsbank* dejó de operar, aunque su actividad no terminó realmente hasta 1961. El 1 de mayo de 1948 le sucedió en la mitad occidental del país el *Bank deutscher Länder (Banco de los* Estados Alemanes). Este banco introdujo el marco alemán el 21 de junio de 1948 y posteriormente pasó a llamarse *Deutsche Bundesbank*, que se creó el 26 de julio de 1957. Aunque es jurídicamente independiente y sigue el modelo de la Reserva Federal de Estados Unidos, el Bundestag, o parlamento federal, ejerce un control y una influencia considerables sobre su política, por lo que en aquella época no era tan independiente como la mayoría de los bancos centrales actuales.

Desde 2001, como miembro del Banco Central Europeo, el *Deutsche Bundesbank* ha delegado la mayor parte de su autoridad en esta organización. El resto de sus responsabilidades, compartidas con el BCE, son la emisión de billetes, la gestión de la cámara de compensación, la supervisión y la gestión de las reservas exteriores. El objetivo primordial del BCE, definido en el apartado 1 del artículo 127 del Tratado de Funcionamiento de la Unión Europea, es mantener la estabilidad de precios. Esta obsesión es en gran parte responsable de los niveles récord de desempleo y del bajo crecimiento del PIB que estamos experimentando, así como del descenso de la tasa de fertilidad.

El BCE se creó el 1 de enero de 1998 y empezó a funcionar formalmente el 1 de enero de 1999 con la introducción de la moneda única, el euro. Este banco controlado por los Rothschild se encuentra irónicamente en el número 29 de la Kaiserstrasse de Fráncfort del Meno, no muy lejos de *la Judengasse* (la calle de los judíos), donde Mayer Amschel Rothschild y su hermano Kalman establecieron una tienda de cambio de monedas y medallas en la década de 1780. Para los 18 países que han adoptado tontamente el euro y se han unido al BCE, su sometimiento y esclavización es un *hecho consumado*.[274]

La Italia fascista

El 28 de octubre de 1922, Benito Mussolini y su Partido Nacional Fascista llegaron al poder. El fascismo debería llamarse más bien corporativismo, ya que simboliza la fusión del poder estatal y corporativo. En 1936 la Cámara de Diputados fue sustituida por un Consejo Nacional de Corporaciones formado por 823 representantes de la industria, los trabajadores y las provincias, que dirigía la producción industrial y resolvía los conflictos laborales.

En los años 20, mediante el gasto público, se emprendió un programa de obras públicas de una envergadura sin parangón en la Europa moderna de la época. Se construyeron puentes, canales, 4.000 km de autopistas, hospitales, escuelas, estaciones de tren y orfanatos. Se plantaron bosques y se dotaron universidades.[275] Se drenaron los pantanos pontinos y se recuperaron 802 km2.[276] La agricultura estaba subvencionada y regulada por un programa de autosuficiencia nacional o autarquía.

---

[274] N.D.T.: en francés en el texto

[275] R.G. Price, *Fascismo Parte 1: Entender el fascismo y el antisemitismo*, 23 de octubre de 2003

www.rational/revolution.ne/articles/understandingfascism.htm

[276] Hoy en día, 520.000 personas viven en esta zona antes desierta.

El Banco Estatal de Italia

En 1926, Mussolini interviene por primera vez en el sector bancario, concediendo a la Banca d'Italia la prerrogativa de emitir billetes y gestionar las reservas mínimas del banco, incluidas las de oro. Utilizar el fascismo italiano "principalmente para crear un estado autárquico no sujeto a los caprichos del comercio y las finanzas mundiales"[277] era la esencia de su política. En 1927, Italia recibió un préstamo de 100 millones de dólares de JP Morgan, para hacer frente a una emergencia. A partir de entonces, Mussolini se negó a "negociar o aceptar más préstamos del extranjero" porque "estaba decidido a mantener a Italia libre de la servidumbre financiera a los intereses bancarios extranjeros."[278]

Benito Mussolini inspecciona el progreso de la recuperación de los pantanos

---

[277] K. Bolton, *The Banking Swindle Money Creation and the State*, Black House Publishing Ltd, Londres, 2013, 118.

[278] L. Villari, *Italian Foreign Policy under Mussolini,* Holborn Publishing Company, Londres, 1959, p. 59.

de Pontins, uno de sus triunfos de ingeniería que transformó esta región asolada por la malaria en una zona de abundancia agrícola.

En 1931, el Estado asumió el derecho de supervisar todos los grandes bancos a través del *Instituto Mobiliare Italiano* (Instituto de Valores Italianos). En 1936, este proceso se completó cuando, mediante la Ley de *Reforma Bancaria*, el Banco de Italia y todos los grandes bancos se convirtieron en instituciones estatales.[279]

El Banco de Italia era ahora un banco estatal por derecho propio, siendo el único con derecho a crear crédito de la nada y distribuirlo a otros bancos por una pequeña comisión. Se suprimen los límites al endeudamiento del Estado (como en el caso del Banco de Japón, véase más adelante) e Italia abandona el patrón oro.

El Banco Estatal de Japón

El Banco de Japón, o 日本銀行 *Nippon Ginkō*, fue fundado el 10 de octubre de 1882. Aunque la Casa Imperial japonesa era el mayor accionista, funcionaba como un típico banco central, es decir, en beneficio de los bancos privados y a expensas del interés general.

En 1929, C. H. Douglas, cuyo sistema de crédito social ya se ha presentado, dio una gira de conferencias en Japón. Sus propuestas de permitir al gobierno crear el dinero y el crédito de la nación sin intereses fueron recibidas con entusiasmo por los líderes del gobierno y la industria japoneses. Todos los libros y folletos de Douglas se tradujeron al japonés, y se vendieron más

---

[279] A. J. de Grund, *Fascist Italy and Nazi Germany: The 'Fascist' Style of Rule*, George Routledge & Sons Ltd, Londres, 2004, p. 52.

ejemplares en ese país que en el resto del mundo.[280]

La reorganización del Banco de Japón en un banco estatal administrado exclusivamente en beneficio del interés nacional comenzó en 1932. La reforma del banco se completó en 1942, cuando se remodeló la Ley del Banco de Japón siguiendo la legislación del Reichsbank alemán de 1939.[281] El banco operaba de la siguiente manera:

"Se entiende que el Banco es una corporación especial con una fuerte estructura nacional. El Banco asumirá la tarea de controlar la moneda y las finanzas, así como de apoyar y promover el sistema de crédito de acuerdo con la política estatal para garantizar el pleno aprovechamiento del potencial de la nación. Por otro lado, debe **"gestionarse teniendo como único principio rector el cumplimiento de los objetivos nacionales"** (artículo 2). En cuanto a las funciones del Banco, la ley suprime el antiguo principio de la prioridad de la financiación comercial, dándole plena libertad para supervisar la financiación industrial. La ley también autorizaba al Banco a conceder al Gobierno anticipos ilimitados y sin contraprestación, y a suscribir al mismo tiempo la absorción de las letras

---

[280] "New Economics", 19 de enero de 1934, p. 8, citado en D.J. Amos, *The Story of the Commonwealth Bank*, Veritas Publishing Company, Bullsbrook, Western Australia, 1986, p. 44.

[281] www.veteranstoday.com/2011/06/26was-world-war-ii-fought-to-make-theworld-safe-for-usury y S. M. Goodson, The Real Reason for the Japanese Attack on Pearl Harbor, *The Barnes Review*, Washington D.C., Vol. XIV, No. 6, noviembre/diciembre de 2008, pp. 41-45.

del Tesoro. En cuanto a la emisión de dinero, la ley hizo permanente el sistema de emisión máxima, de modo que el Banco pudiera emitir a voluntad para satisfacer las necesidades de la industria de defensa y del gobierno. Por otro lado, se reforzó claramente la supervisión del Banco por parte del gobierno. El gobierno podía nombrar y dar órdenes a los presidentes y directores; una cláusula otorgaba al gobierno amplios poderes para dar las llamadas "órdenes funcionales" al banco, con el fin de obligarle a llevar a cabo las medidas consideradas necesarias para la consecución de los objetivos del banco. Además, la ley somete gran parte de los asuntos financieros del Banco a la aprobación del gobierno, incluso en áreas como la modificación de los tipos, la emisión de billetes y la supervisión de las cuentas.[282]

Japón había experimentado las mismas dificultades traumáticas causadas por la Gran Depresión artificial. Sin embargo, la conversión de un banco central privado a la metodología de un organismo estatal produjo resultados exitosos y duraderos.

Índices económicos de Japón 1931-1941

	Productos Fabricado	Todos los sectores	Renta Nacional	PIB

---

[282] *Money and Banking in Japan*, the Bank of Japan Economic Research Department, traducido por S. Nishimura, editado por L.S. Pressnell, Macmillan, Londres, 1973, p. 38.

1931	19,1	19.7	10.5	12.5
1932	20,2	20.8	11.3	13.0
1933	24,7	25.3	12.4	14.3
1934	26,4	27.0	13.1	15.7
1935	27,9	28.7	14.4	16.7
1936	31,5	32.3	15.5	17.8
1937	37,2	37.7	18.6	23.4
1938	38,2	39.0	20.0	26.8
1939	42,4	43.0	25.4	33.1
1940	44,3	44.9	31.0	39.4
1941	45,8	46.5	35.8	44.9

Fuente: Departamento de Estadística del Banco de Japón

Este cuadro ilustra la mejora gradual que se produjo en la economía japonesa, una vez eliminados los grilletes de la usura. Durante el periodo 1931-1941, la producción manufacturera e industrial aumentó un 140% y un 136% respectivamente, mientras que la renta nacional y el PIB aumentaron un 241% y un 259% respectivamente. Estos notables aumentos superaron con creces el crecimiento económico del resto del mundo industrializado. El desempleo bajó del 5,5% en 1930 al 3% en 1938. Los conflictos laborales disminuyeron, ya que los paros intempestivos pasaron de 998 en 1931 a 159 en 1941.

El desafío de Japón a los fabricantes de automóviles europeos: el pequeño Datsun debía venderse por menos de los coches más baratos de Estados Unidos o el Reino Unido. Se ordenó su ensayo en la India, Checoslovaquia y Gran Bretaña. El príncipe Chichbe, hermano del emperador Hirohito, aparece sentado al volante del vehículo en la Asociación Industrial de Japón en Yokohama en diciembre de 1934.

A finales de la década de 1930, Japón se había convertido en la potencia económica dominante en Asia Oriental y sus exportaciones superaban regularmente las de Estados Unidos y Gran Bretaña. En agosto de 1940, Japón anunció la formación de una Gran Esfera de Coprosperidad de Asia Oriental,[283] temor de que estos países adoptaran los métodos bancarios estatales de Japón representaba tal amenaza para la Reserva Federal, propiedad de los Rothschild, que la guerra parecía la única forma de impedir que este modelo virtuoso se reprodujera a mayor escala.

---

[283] El proyecto fue concebido inicialmente por el general Hachiro Arita, que fue ministro de Asuntos Exteriores de 1936 a 1940. La cooperación fue anunciada oficialmente por el Ministro de Asuntos Exteriores Matsuoka Yosuke el 1 de agosto de 1940.

Cómo Japón se vio arrastrado a la Segunda Guerra Mundial

A partir de julio de 1939, las relaciones con Estados Unidos se deterioraron rápidamente después de que este país derogara unilateralmente el Tratado de Comercio de 1911, restringiendo la capacidad de Japón para importar materias primas esenciales. Estas medidas se impusieron abiertamente a causa de la guerra en China y fueron seguidas en junio de 1940 por un embargo de parafina y una prohibición de la exportación de mineral de hierro y acero a Japón en noviembre de 1940. El 25 de julio de 1941 se congelaron todos los activos japoneses en Inglaterra, Holanda y América, después de que Japón, con el permiso de la Francia de Vichy, ocupara pacíficamente Indochina, para bloquear los suministros chinos desde el sur, y se suspendiera todo el comercio entre Japón y América. Al mismo tiempo, el presidente Franklin D. Roosevelt cerró el Canal de Panamá a todos los barcos japoneses, y se estableció un embargo sobre el caucho y el petróleo, lo que supuso la pérdida del 88% de todos los suministros en este último caso. Sin petróleo, Japón no podría sobrevivir.

El primer ministro, el general Hideki Tojo, (octubre de 1941 - julio de 1944), explica en su diario cómo Estados Unidos obstruyó continuamente los esfuerzos diplomáticos de Japón para mantener la paz. Las relaciones comerciales pacíficas de Japón eran continuamente saboteadas por Estados Unidos y esta molestia suponía una gran amenaza para el futuro del país. El bloqueo económico se convirtió gradualmente en una soga alrededor del cuello de Japón. No sólo Estados Unidos, Gran Bretaña, China y Holanda estaban cercando a Japón mediante sanciones económicas, sino que las fuerzas navales de Filipinas, Singapur y Malaya estaban siendo redistribuidas y reforzadas. Se vieron buques de guerra estadounidenses patrullando las aguas territoriales de Japón. Un almirante estadounidense afirmó que la flota japonesa podría ser hundida en dos semanas, mientras que el primer ministro británico Winston Churchill declaró que Gran Bretaña se uniría a Estados Unidos en 24 horas.

El general Tojo escribe: "Japón trató de sortear estas peligrosas circunstancias mediante negociaciones diplomáticas y, aunque mostró muchas concesiones, una tras otra, con la esperanza de encontrar una solución mediante un compromiso mutuo, no hubo ningún progreso porque Estados Unidos no se movió de su posición inicial. Finalmente, Estados Unidos reiteró sus exigencias, que en este caso Japón no podía aceptar: la retirada completa de las tropas de China, el repudio del gobierno de Nankín y la retirada del Pacto Tripartito.[284]

Japón realizó numerosos gestos diplomáticos, incluida la propuesta de una cumbre el 8 de agosto de 1941, pero todos ellos fracasaron. El 2 de diciembre de 1941, Japón se había quedado sin el 75% de su comercio exterior debido al bloqueo de los Aliados, por lo que se vio

---

[284] *The Journal for Historical Review*, Vol. 12, No. 1, primavera de 1992, Hideki Tojo's Prison Diary, pp. 41-42. El Pacto Tripartito firmado el 27 de septiembre de 1940 fue un acuerdo de diez años entre Alemania, Italia y Japón. Su principal objetivo era mantener su nuevo orden económico basado en un sistema bancario libre de usura y promover la prosperidad y el bienestar mutuos de sus respectivos pueblos. El artículo 3 preveía la asistencia política, económica y militar en caso de que una de las tres potencias fuera atacada por una potencia que aún no estuviera involucrada en la guerra en Europa o en el conflicto chino-japonés.

obligado a atacar a Estados Unidos en un intento de mantener su prosperidad y asegurar su existencia como nación soberana. La constante presión y la falta de compromiso de los usureros de Nueva York habían provocado deliberadamente a Japón para que tomara medidas de represalia.

Evolución de la posguerra

Tras la derrota de Japón, una de las primeras decisiones de las fuerzas de ocupación estadounidenses en Japón en septiembre de 1945 fue reestructurar el sistema bancario japonés, para hacerlo compatible con la norma internacional de los banqueros, es decir, la usura. Se suprime la financiación estatal ilimitada del Banco de Japón y se desmantelan los grandes conglomerados industriales, los *zaibatsu*. Esta política fue aplicada por Joseph Dodge, un banquero de Detroit, que era el asesor financiero del Comandante Supremo Aliado, el general Douglas MacArthur.

Sin embargo, el Ministerio de Finanzas consiguió mantener cierto control sobre el sistema bancario y, en particular, sobre la política monetaria. En 1988, Japón se vio muy afectado por la adopción de las medidas de Basilea I, que obligaban al Banco de Japón a aumentar el capital mínimo para sus activos de riesgo del 2% al 8%. Esto condujo a una recesión que ha durado 26 años.

En abril de 1998, el Ministro de Finanzas se vio obligado por ley a someterse al independiente Banco de Japón. Desde entonces, el Banco de Japón ha funcionado como un típico banco central bajo el control de Rothschild, ejerciendo rara vez sus prerrogativas en el mejor interés del pueblo japonés.

CAPÍTULO VII

FORMAS MODERNAS DE LA BANCA ESTATAL

"El Banco fue concebido en la iniquidad y nació del pecado. Los banqueros son los dueños de la tierra. Quitadles el poder de crear dinero, pero dejadles el poder de crear dinero y de un plumazo crearán lo suficiente para redimirlo todo. Sin embargo, quítales ese poder y todas las grandes fortunas como la mía desaparecerán como es debido, pues el mundo en el que viviríamos entonces sería mejor y más feliz. Pero si quieres seguir siendo esclavo de los banqueros y pagar el coste de tu propia servidumbre, entonces deja que sigan creando dinero."

- Sir Josiah Stamp, ex director del Banco de Inglaterra

El Banco de Dakota del Norte[285]

En 1919, se ofreció a los 48 estados de Estados Unidos la posibilidad de crear su propio banco estatal. Dakota del Norte fue el único estado que aceptó la oferta.

Dakota del Norte, cuya capital se llama Bismarck, tiene una población de 684.000 habitantes. Se encuentra en el centro de América, cerca de la frontera con Canadá. A pesar de los duros inviernos, su principal fuente de ingresos directos e indirectos es la agricultura. Es el primer productor de trigo, principalmente trigo duro[286], cebada, canola, lino, avena y semillas de girasol. El

---

[285] http://banknd.nd.gov/

[286] Una forma más dura de trigo que se utiliza para hacer espaguetis y otros tipos de pasta.

petróleo de esquisto procedente de la fracturación hidráulica en la cuenca de Bakken y el lignito son los principales recursos minerales del estado.

El North Dakota State Bank fue fundado por una coalición de agricultores en 1919.

La mayoría de los estados de EE.UU. son técnicamente insolventes; con la excepción de Dakota del Norte y su vecino del oeste, Montana, todos se enfrentan a déficits presupuestarios. En comparación, California, el mayor estado en términos económicos y actualmente la duodécima economía del mundo, tiene un déficit de 23.000 millones de dólares en abril de 2013 y paga 10.400 millones de dólares en intereses cada año. En 2012, su deuda en bonos era de 167.900 millones de dólares. A diferencia de los otros 49 estados, que sufren una tasa de desempleo cada vez mayor, la tasa de desempleo de Dakota del Norte ha descendido y es actualmente la más baja del país, con un 2,7%. El estado también tiene la tasa de quiebra de empresas más baja de Estados Unidos.

En septiembre de 2012, Dakota del Norte tenía un superávit presupuestario de 1.600 millones de dólares.

Entre 1997 y 2010, su PIB creció un 93,4%, pasando de 16.000 a 31.000 millones de dólares. En el periodo 2000-2011, la renta individual per cápita aumentó un 127%, pasando de 20.155 a 45.747 dólares, mientras que el crecimiento nacional en el mismo periodo fue solo del 37,4%.

El secreto de su éxito reside en su banco estatal. La misión del banco es proporcionar un servicio financiero que apoye la agricultura, el comercio y la industria. Por ley, el Estado debe depositar todos sus fondos en el banco, que paga un tipo de interés competitivo.

El banco devuelve todos sus beneficios al Estado, que en 2011 ascendieron a 60 millones de dólares. En los últimos 11 años se han pagado más de 460 millones de dólares al Estado. La mayoría de sus fondos se utilizan para compensar los recortes fiscales. El banco también ofrece un mercado secundario de préstamos inmobiliarios, garantías a nuevas empresas y préstamos a agricultores a un tipo de interés del 1% anual. Dakota del Norte no ha experimentado una crisis o congelación del crédito porque el banco proporciona al estado su propio crédito. Al establecer su propia soberanía económica, Dakota del Norte se ha convertido en el estado más próspero y financieramente habitable de Estados Unidos.

Incluso si la banca estatal no resuelve el estancamiento financiero experimentado a nivel nacional, la banca estatal en los EE.UU. tiene el potencial de proporcionar un alivio considerable al gobierno estatal en forma de superávit presupuestario, importantes recortes fiscales, reducción del desempleo y un alto nivel de prosperidad. En junio de 2014, 25 estados estaban considerando la posibilidad de legislar para permitir la creación de un banco estatal.[287]

Los Estados de Guernsey

En 1815, cuando terminaron las guerras napoleónicas, Guernsey se encontraba en una situación precaria. Sus carreteras estaban deterioradas, los diques y la economía se habían hundido. La isla no podía pedir dinero prestado porque no podía recaudar suficientes impuestos para pagar los intereses requeridos.

En 1816, para financiar las obras públicas y un nuevo mercado, el Comité de los Estados de Guernsey se planteó una nueva solución. Emitió 6.000 libras en forma de billetes de 1 libra, sin deuda ni intereses. En dos años se completaron todas las obras sin que aumentara la deuda pública.[288]

Se hizo una nueva emisión de 5.000 libras, esta vez incluyendo billetes de cinco libras, para reconstruir el Elizabeth College, fundado por la reina Isabel I en 1563, y la escuela parroquial. En 1837, había 55.000 libras en circulación. La isla experimentó un aumento del turismo y un nivel de prosperidad sin precedentes.

---

[287] http://publicbankinginstitute.org/

[288] Los Grubiak son un ejemplo interesante de cómo el interés compuesto puede esclavizar a una comunidad. En 1817, el mercado de frutas de Glasgow se financió con un préstamo a interés de 60.000 libras. No se reembolsó finalmente hasta 139 años después, en 1956. No se conoce el tipo de interés compuesto entre 1816 y 1910, pero entre 1910 y 1956 se pagaron 267.886 libras.

El Old Market Place de St Peter Port se financió en 1816 mediante la emisión de 6.000 libras esterlinas en billetes sin intereses.

En 1914, la emisión del Estado alcanzó las 142.000 libras. En 1937, 175.000 libras. El coste de la impresión de estos billetes fue de 450 libras, frente al servicio anual de intereses que debería haber sido de 11.383 libras (6,5%). En 1958 había 542.765 libras en circulación. Actualmente hay 43,8 millones de libras en circulación.[289] En la actualidad, Guernsey tiene una población de 65.400 habitantes y disfruta de uno de los niveles de vida más altos del mundo. El tipo actual del impuesto sobre la renta es del 20%, independientemente de la fuente, pero está limitado a 220.000 libras esterlinas al año. No hay impuesto de sociedades, salvo un impuesto del 10% sobre determinadas actividades bancarias, ni impuesto sobre el capital, ni impuesto de sucesiones, ni impuesto sobre el patrimonio, ni IVA, ni impuesto sobre transmisiones patrimoniales. Guernsey no tiene deuda pública.

---

[289] Departamento de Hacienda y Recursos, Guernsey, 16 de noviembre de 2012.

El Banco Central de Libia

De 1551 a 1911, Libia fue gobernada por el Imperio Otomano, por Italia de 1911 a 1943, y entre 1943 y 1951 estuvo bajo la doble soberanía militar de Gran Bretaña y Francia. El Banco Central de Libia se fundó en 1956 y funcionó como un banco central típico hasta el *golpe de estado*[290] incruento del 1 de septiembre de 1969.

En 1959 se descubrió un aceite de calidad excepcional. Sin embargo, el rey Idris al Mahdi as-Sanusi no supo aprovechar esta ganancia inesperada ni utilizarla en beneficio de su pueblo, y la mayor parte de los beneficios del petróleo se desvió a las cuentas de las compañías petroleras.

Al tomar el poder en 1969, Muammar Gaddafi se hizo con el control de las actividades económicas del país, incluido el banco central, que a efectos prácticos funcionaba como un banco estatal. Servía de superbanco para los bancos locales y no se permitía a los bancos extranjeros operar allí. Las infraestructuras gubernamentales no se financiaban con *la riba* (intereses) y Libia no tenía deuda pública ni préstamos extranjeros. Sus reservas de divisas superan los 54.000 millones de dólares, lo que puede compararse con las reservas de países desarrollados como el Reino Unido y Canadá, que en 2010 tenían 50.000 y 40.000 millones de dólares respectivamente. El crecimiento del PIB en el periodo 2000-2010 fue del 4,32% anual y la cifra oficial de inflación fue del -0,27%.[291]

---

[290] N.D.T.: en francés en el texto.

[291] www.theglobaleconomy.ca

El coronel Gadafi[292] fue presentado en los medios de comunicación como un "terrible dictador y un monstruo chupasangre", pero la realidad es que contaba con el apoyo del 90% de la población, excepto en Bengasi y sus alrededores,[293] pero la realidad es que, a excepción de la ciudad de Bengasi y sus alrededores, contaba con el apoyo del 90% de la población.[294]

Las siguientes ventajas aportadas por Gadafi explican las razones de su popularidad:

- La escolarización es gratuita.

- Los estudiantes recibieron el salario medio del campo estudiado.

- Los estudiantes en el extranjero recibían alojamiento, un coche y 2.500 euros al año.

- Electricidad gratuita.

- Atención médica gratuita.

- Vivienda gratuita (las hipotecas estaban prohibidas).

- Los recién casados recibieron 60.000 dinares (50.000 dólares)[295] regalo del gobierno.

---

[292] Su rango real era, de hecho, el de teniente.

[293] http://embassy-finder.com/libya_in_kuwait_kuwait

[294] A pesar del incesante bombardeo de la OTAN, el 1 de julio de 2011, un millón de habitantes de Trípoli (de una población de 2,2 millones) se reunieron en una manifestación de apoyo a su hermano líder Gadafi.

[295] 1 dólar = 1,20 dinares libios.

- Los coches se comercializaron a precios de fábrica, sin intereses.

- Los préstamos a particulares se concedían sin intereses.

- Una barra de pan costaba 15 céntimos.

- La gasolina costaba 12 céntimos el litro.

- Una parte del producto de la venta de hidrocarburos se ingresaba directamente en las cuentas bancarias de los ciudadanos.

- Los agricultores recibían gratuitamente tierras, semillas y ganado.

- El pleno empleo, en el que los desempleados temporales cobran el equivalente a su salario íntegro.

Muammar Mohammed Gaddafi - Fue un estricto seguidor del Sagrado Corán, que abolió toda forma de usura y puso el Banco Central de Libia al servicio del pueblo libio.

La Jamahiriya del "Estado popular" de Gadafi garantizó que la riqueza de este país de 5,79 millones de habitantes se distribuyera equitativamente entre toda su población. No había mendigos ni indigentes, la esperanza de vida de 75 años era la más alta de África y un 10% superior a la media mundial. La tasa de alfabetización era del 82%. En cuanto a los derechos humanos, Libia ocupa el puesto 61 en el Índice Internacional de Encarcelamiento. Cuanto menor sea la puntuación, mayor será la tasa. El primer puesto lo ocupa actualmente Estados Unidos.[296]

Otro gran logro de Gadafi es la transformación de la cuenca de Nubia en un gran río artificial, que proporciona 6.500.000 m^3 de agua potable al día a las ciudades de Trípoli, Sirte y Bengasi. El agua extraída es diez veces más barata que la desalada. El coste total del proyecto, estimado en 25.000 millones de dólares, se financió sin un solo préstamo extranjero.

Aunque los bancos centrales de Bielorrusia, Birmania, Cuba, Irán, Corea del Norte, Sudán del Norte y Siria no estaban directamente bajo el control del cártel bancario de Rothschild, Libia tenía el único banco central que operaba en modo estatal, lo que dio lugar a los clásicos síntomas de pleno empleo, inflación cero y un moderno paraíso de los trabajadores.

Todo esto hace que se cuestionen las razones de la intervención de la OTAN con el pretexto de las espurias violaciones de los derechos humanos, que supuestamente se encarga de proteger. Desde 1971, cuando Estados Unidos abandonó el patrón oro por el petrodólar con la

---

[296] S. Goodson, *La verdad sobre Libia*, 4 de abril de 2011, http://rense.com/general/93/truth.htm

connivencia de Arabia Saudí, cualquier intento de suplantar al dólar estadounidense como moneda de reserva dominante ha sido bloqueado y se ha opuesto violentamente.

En noviembre de 2000, Saddam Hussein decretó que todas las transacciones de hidrocarburos se denominarían en euros, ya que no deseaba seguir comerciando en la "moneda del enemigo".[297] demostró posteriormente, el engaño de las armas de destrucción masiva era sólo un falso pretexto y fue esta decisión monetaria la que le costó la vida a Saddam Hussein y la destrucción de su país.

En circunstancias similares, Gadafi anunció en 2010 la creación de un dinar de oro para pagar todas las transacciones exteriores en una región con 200 millones de habitantes. En ese momento, Libia tenía 144 toneladas de oro. Lo que se proponía no era una vuelta al patrón oro *en sí*, sino el establecimiento de una nueva unidad de medida para las exportaciones de petróleo y otros recursos que se liquidaría en dinares de oro.[298] Gadafi ha cruzado la línea roja y ha pagado el precio más alto.

Desde 2007, Irán exige que los pagos se realicen en euros. El 17 de febrero de 2008, la Bolsa de Petróleo de Irán comenzó a utilizar principalmente el euro, el rial iraní y una cesta de monedas no estadounidenses para su comercio de petróleo, petroquímica y gas. El primer cargamento de aceite que opera con este nuevo sistema se vendió a través de este mercado en julio de 2011. Este

---

[297] *Time*, 13 de noviembre de 2000.

[298] The Golden Dinar: Saving the Global Economy with Gaddafi, www. globalresearch.ca, 5 de mayo de 2011.

acontecimiento debe considerarse la causa principal de las reiteradas amenazas israelíes y estadounidenses contra Irán.

CAPÍTULO VIII

LA CRISIS BANCARIA Y EL
DECLIVE FINAL DE LA CIVILIZACIÓN

"Me temo que el ciudadano de a pie no apreciará saber que los bancos pueden crear y destruir dinero, y lo hacen. La cantidad de dinero existente varía sólo con el aumento y la disminución de los depósitos y créditos bancarios... y quienes controlan el crédito de una nación, dirigen la política del Gobierno y tienen en la palma de su mano el destino del pueblo."[299]

- Reginald McKenna, antiguo Ministro de Hacienda.

Panorama histórico

Las crisis bancarias suelen adoptar tres formas, (i) un solo banco se hunde por falta de confianza y retirada masiva de depósitos, (ii) una corrida bancaria cuando varios bancos quiebran simultáneamente y (iii) cuando todo el sistema implosiona.

En el siglo XVIII, las crisis bancarias se limitaban a los países que tenían bancos centrales y practicaban la usura, es decir, Inglaterra, los Países Bajos y Suecia.

En 1710, el Sword Blade Bank, en competencia con el Banco de Inglaterra, se hizo con una parte de la deuda pública a cambio de acciones del Sword Blade. Al año

---

[299] Discurso del Presidente a los accionistas del Midland Bank, 25 de enero de 1924.

siguiente, la Compañía de los Mares del Sur realizó una operación similar y en 1720 recuperó el resto de la deuda pública a cambio de sus acciones sobrevaloradas. La South Sea Company era, de hecho, un cascarón vacío y ni siquiera tenía activos comerciales. El 24 de septiembre de 1720 el Sword Blade Bank entró en liquidación y a finales de ese año las acciones de la South Sea Company habían perdido casi el 90% de su valor de 1.000 libras por acción.

En 1763, tras el final de la Guerra de los Siete Años (1756-1763), los *wissels* o billetes emitidos por el banquero holandés Leendert Pieter de Neufville no pudieron ser reembolsados y provocaron una corrida bancaria en los Países Bajos, Alemania y Suecia.

En enero de 1772, la casa bancaria londinense Neal, James, Fordyce and Down, que se había dedicado a especular a gran escala vendiendo en corto las acciones de la Compañía de las Indias Orientales, quebró tras no poder cubrir sus pérdidas debido a las retiradas masivas de sus clientes. Veintidós grandes bancos y casi todos los bancos privados de Escocia entraron en liquidación. El contagio se sintió en lugares tan lejanos como Ámsterdam. Muchos bancos locales sufrieron una crisis de liquidez, entre ellos Clifford and Sons, que quebró.

Ahora bien, casi todas las crisis bancarias estarían causadas por el modelo de banca central que permite a los bancos privados crear dinero a través de la deuda con intereses y luego destruirlo una vez que se paga. Por ejemplo, los dos primeros pánicos en Estados Unidos en 1792 y 1796-1797 fueron causados por el Primer Banco de Estados Unidos, cuando restringió deliberadamente el acceso al crédito para provocar un colapso económico.

El Segundo Banco de Estados Unidos, propiedad de los

Rothschild, planificó y ejecutó un desastre financiero similar y la subsiguiente depresión en 1819, mientras que Inglaterra también se vio afectada por un pánico artificial en 1825 y 1847. En el pánico de 1825, 66 bancos se vieron obligados a cerrar.

Otro pánico bancario en Estados Unidos se produjo en 1857, cuando una escasez organizada de oro provocó la quiebra de la Ohio Life Insurance and Trust Company. Como ya se ha señalado en el capítulo IV, una vez que Estados Unidos se vio obligado a adoptar el patrón oro en enero de 1873, comenzó un patrón de pánicos bancarios cada vez más frecuentes e intensos. Menos de ocho meses después, en septiembre de ese año, Estados Unidos se vio sumido en una recesión premeditada que duró cuatro largos años.

Los posteriores pánicos de 1884, 1890, 1890-1891, 1893-1894, 1897, 1903 y 1907 fueron deliberadamente orquestados para sumir al pueblo estadounidense en un estado de confusión y desesperación. Tras 40 años de caos planificado, burbujas y desplomes bursátiles, y una campaña mediática de desinformación, la población capituló mansamente y el sueño de los banqueros conspiradores de un banco central estadounidense se hizo realidad el 23 de diciembre de 1913.

Después de la Gran Depresión, que fue diseñada por la Reserva[300] Federal, prevaleció un período de relativa estabilidad hasta la década de 1990, cuando un número

---

[300] En 2002, en respuesta a una pregunta formulada por el profesor Milton Friedman a Ben Bernanke, entonces miembro del Consejo Académico de la Reserva Federal de Nueva York, sobre la Gran Depresión, Bernanke respondió: "Sobre la Gran Depresión. Tienes razón, nosotros fuimos los responsables. Lo sentimos mucho".

creciente de países sufrió crisis económicas y dificultades financieras. (Finlandia, Suecia, Venezuela, Indonesia, Corea del Sur, Tailandia, Rusia, Argentina, Ecuador y Uruguay).

La crisis bancaria de 2007

Las semillas de la actual crisis bancaria se sembraron cuando se derogó, el 12 de noviembre de 1999, la Ley Glass-Steagall de 1933, que prohibía a los bancos ser propietarios de instituciones financieras y separaba a los bancos de las empresas de inversión. En el momento de la promulgación de la ley original, el senador Carter-Glass, antiguo secretario del Tesoro de EE.UU., y uno de sus defensores, comentó: "Con una pistola, un hombre puede robar un banco, pero con un banco, un hombre puede robar el mundo entero".

Hacia el final de la administración Clinton, se declaró que todo el mundo tenía derecho a ser propietario de su vivienda, y para ello el Departamento de Vivienda y Desarrollo creó un programa llamado National Homeownership and American Dream Strategic Partnership. Para atraer al mayor número posible de propietarios, los requisitos de crédito se redujeron considerablemente y el Gobierno concedió a los prestatarios una bonificación fiscal de 8.000 dólares. Se ofrecieron tipos de interés atractivos durante los dos primeros años, pero con tipos de interés sustancialmente más altos a partir de entonces.

El senador **Carter-Glass**, cuya legislación prohibía a los bancos ser propietarios de instituciones financieras y separaba a los bancos de las empresas de inversión. Esta ley fue derogada en 1999, con consecuencias devastadoras.

Entre 1998 y 2006, los precios de la vivienda subieron un 124%, pero dos años después se registró una caída del 20%. En contraste con el aumento de los precios, la asequibilidad de la vivienda mostró una tendencia a la baja. Entre 1980 y 2000, la relación entre el coste de una vivienda media y la renta media de los hogares era de 3, pero en 2006 había aumentado a 4,6. Los swaps de incumplimiento crediticio (CDS), creados para especular contra los riesgos crediticios, aumentaron su tamaño entre 1998 y 2008 hasta los 47 billones de dólares y tienen un valor nocional de 683 billones de dólares.

El premio Nobel **Frederick Soddy**, cuyas opiniones sobre el sistema monetario y bancario se basan en la física y revelan la falsedad del crecimiento económico perpetuo.

Para alimentar la burbuja inmobiliaria, se desarrollaron productos financieros innovadores, como los CDO (collateralised debt obligations). Los préstamos inmobiliarios con diversos potenciales de reembolso se titulizaron y, tras ser calificados como fiables por las agencias de calificación, de forma fraudulenta como se descubrió posteriormente, se vendieron en la mayoría de los casos a inversores ingenuos.[301]

---

[301] Una de las víctimas más espectaculares de este fraude fue el Fondo de Pensiones Petroleras del Gobierno noruego, el segundo mayor

Para fomentar esta cultura de la codicia, el sector bancario en la sombra, que incluye bancos de inversión y fondos de cobertura, cuyos activos totales en ese momento ascendían a más de 100 billones de dólares, comercializó agresivamente estos productos, a pesar de que en junio de 2007, el 39% de todas las hipotecas no cumplían los requisitos para ser emitidas de forma convencional

La burbuja estalló cuando Lehmann Brothers se declaró en quiebra el 15 de septiembre de 2008. Se pidió un rescate de emergencia y el Congreso asignó 700.000 millones de dólares al Plan Paulson, pero esto fue sólo la punta del iceberg, ya que la Reserva Federal ha proporcionado desde entonces más de 16 billones de dólares en ayuda a los bancos nacionales y extranjeros. Según las memorias de Neil Barofsky,[302] inspector general del Plan Paulson, la cantidad final podría superar los 24 billones de dólares. Por ello, no es sorprendente saber que durante el periodo 2008-2013, la Reserva Federal vio crecer su balance en un 500% hasta alcanzar los 5 billones de dólares, todo ello para mantener un sector bancario insolvente con su programa de flexibilización cuantitativa tipo Ponzi[303], mientras que en

---

fondo soberano del mundo, que registró pérdidas de 90.000 millones de dólares en 2008. Esta pérdida anuló todos los beneficios de los 12 años anteriores. http://news.bbc.co.uk/2/hi/business/7961100.stm

[302] N. Barofsky, *Bailout: An Inside Account of How Washington Abandoned Main Street While Rescuing Wall Street,* Free Press, Nueva York, 2012, p. 288. En noviembre de 2011, el Instituto de Economía Levy, del Bard College de Nueva York, calculó que el rescate total ascendía a 29 billones de dólares.

[303] Charles Ponzi fue un estafador estadounidense de principios del siglo XX.

una línea similar, los balances de los seis mayores bancos occidentales crecieron un 336,4% entre 2007 y 2012, pasando de 10,7 billones a 14,6 billones de dólares

Causatum

En medio de las secuelas de esta crisis financiera, empezaron a surgir intentos de abordar lo que parece ser un problema insoluble. La Ley Dodd-Frank de Reforma de Wall Street y Protección del Consumidor se promulgó el 21 de julio de 2010. Contienen varios requisitos reglamentarios destinados a promover la responsabilidad, la estabilidad financiera y la transparencia. 200 páginas de la ley están dedicadas a la reforma hipotecaria e incluyen normas más estrictas para la concesión de préstamos y requisitos para los agentes de crédito, a fin de garantizar que los prestatarios tengan la capacidad de devolver sus préstamos.

Los expertos del Comité de Supervisión Bancaria de Basilea han propuesto aumentar los coeficientes de capital y liquidez con la esperanza de que estas medidas fortalezcan el sector bancario. La intención es que todos ellos se apliquen antes del 31 de marzo de 2019. Sin embargo, es probable que sólo tengan el efecto contrario, provocando una mayor reducción de la oferta monetaria y aumentando así la recesión.

Lo que no entienden la mayoría de los banqueros y economistas es que el único método disponible para preservar la economía es endeudarse más (con intereses), porque el dinero basado en la deuda es nuestro único medio de intercambio. De ahí todos los persistentes y ridículos mantras de que hay que mantener el crecimiento a toda costa, porque si hubiera que devolver todos los préstamos, la masa monetaria desaparecería y nos veríamos reducidos al intercambio de bienes y servicios mediante el trueque. En la situación actual, una anulación de la deuda mundial no sería demasiado, si la oferta monetaria pudiera ser sustituida por un sistema bancario estatal que creara dinero sin deuda ni intereses.

La razón de fondo por la que el mundo desarrollado, que solía producir productos duraderos de alta calidad, se ha desindustrializado parcialmente es que los países del tercer mundo deben producir continuamente bienes de baja calidad para alimentar el síndrome de crecimiento. Esto también subraya el absurdo de que Europa necesita crecimiento económico mientras su población autóctona disminuye. Esta política deliberada de obsolescencia programada y crecimiento forzado también tiene efectos nocivos para el medio ambiente. Como se señalará en el último apartado, el descenso de la tasa de fecundidad de las mujeres en el mundo desarrollado, consecuencia directa del desgaste, conducirá a la extinción de la civilización.

En conclusión, podemos ver que el principal objetivo oculto de la actual crisis bancaria es crear un sentimiento general de desesperación y un coro de vítores para el establecimiento de un Banco Central Mundial - una situación similar a la que prevaleció en los Estados Unidos durante el siglo XIX, cuando los pánicos bancarios fueron generados artificialmente en preparación para el establecimiento de la Reserva Federal. Cuando los banqueros parásitos hayan logrado este objetivo, es dudoso que el huésped que los alimenta haya desaparecido para entonces.

La Gran Depresión del siglo XXI

Una de las principales causas de la burbuja de la deuda,

que no deja de crecer, radica en la política suicida de la globalización y el libre comercio, que ha conducido a la mencionada desindustrialización parcial de Estados Unidos, Reino Unido y Europa. La deslocalización de las industrias hacia los países del tercer mundo ha provocado una reducción de la base manufacturera del mundo desarrollado, un desempleo estructural de carácter permanente y un aumento de la brecha comercial. En un intento de mantener un nivel de vida que se desploma, los consumidores de los países afectados se vieron obligados a recurrir a niveles de endeudamiento privado cada vez mayores. Por ejemplo, en EE.UU., en la década de 1980, se necesitaban 2,37 dólares de deuda privada para producir 1 dólar de crecimiento del PIB, en la década de 1990 la cantidad era de 2,99 dólares, y en la década de 2000 se produjo un dramático aumento a 5,67 dólares por cada dólar de crecimiento económico, un nivel que pronto será intolerable.

Un factor aún más agravante es el aumento del coste de extracción de la energía, también conocido como *rendimiento energético de la inversión* (EROEI), que se acerca rápidamente a un punto crítico. Según el informe de Tullet Prebon,[304] en 1990 el coste teórico de la energía habría sido del 2,43% del PIB,[305] y en 2010 casi se habría duplicado hasta el 4,7% del PIB. Se prevé que alcance el 9,6% del PIB en 2020 y el 15% en 2030. Esta

---

[304] T.M. Morgan, *Tormenta perfecta*: *energía, finanzas y fin del crecimiento*
www.tullettprebon.com/Documents/strategyinsights/TPSI009Perfect Storm009.pdf

[305] La llamada edad de oro del profesor Frederick Soddy, en la que antes de la entropía, que en este caso significa una escasez de materias primas relativamente escasas.

disminución de los beneficios energéticos, que provocará el cierre generalizado de sectores mineros e industriales enteros y afectará a la agricultura, augura una caída muy importante del nivel de vida.[306]

El aumento de los costes de extracción de energía no es la única dificultad a la que se enfrenta la humanidad. En los últimos 100 años, el consumo de agua se ha cuadruplicado y sigue aumentando. Actualmente, 1.600 millones de personas se enfrentan a la escasez de agua y, según un reciente informe de Estados Unidos de junio de 2014, la demanda mundial de agua superará la oferta disponible en un 40% para 2030.[307]

Sin embargo, el factor que pesa más que todas estas consideraciones macroeconómicas es el descenso de la natalidad en el mundo desarrollado. A principios del siglo XX, la población blanca del mundo era de 590 millones, es decir, el 36% de un total de 1.650 millones. Ahora su cuota de población mundial se ha reducido al 15%. Dos guerras mundiales fratricidas innecesarias para mantener el sistema usurero han provocado este declive catastrófico.

El siguiente gráfico de la tasa de fertilidad[308] revela la

---

[306] Prácticamente toda la tierra agrícola estaba cultivada en 1960. Entre 1950 y 1984, por ejemplo, la producción mundial de cereales aumentó un 280%. Sin embargo, el aumento de la producción agrícola se basó casi por completo en los fertilizantes utilizados. Un aporte energético adecuado reduciría casi a la mitad la producción de alimentos.

[307] http://theeconomiccollapseblog.com/archives/25-shocking-facts-abouttheearths-dwindling-water-resources

[308] www.en.wikipedia.org/wiki/List-of-sovereign-states-and-dependentterritories-by-fertility-rate

inevitabilidad y la certeza casi matemática de que para el año 2100, la mayoría de los pueblos blancos y una gran proporción de los pueblos asiáticos del noreste de Asia habrán desaparecido.

Nigeria	5.32
Pakistán	3.52
Egipto	2.89
Bangladesh	2.83
India	2.81
Indonesia	2.18
México	2.21

En la primera columna de la tabla de tasas de fecundidad anterior aparecen todos los países con una población superior a los 100 millones de habitantes, mientras que en la siguiente tabla aparecen los países con una población predominantemente blanca y las naciones del Extremo Oriente. La tasa de fertilidad necesaria para reemplazar la población es de 2,11.[309] Así, las poblaciones blanca, china y japonesa se verán seriamente diezmadas en tres generaciones[310] y, a menos que la tasa

---

[309] La tasa media de fecundidad en el mundo es de 2,55, pero es difícil establecer si esta cifra se ha calculado aritméticamente o mediante una media ponderada.

[310] La edad media actual a la que una mujer da a luz su primer hijo es de 30 años, mientras que hace 40 era de 25.

de natalidad aumente significativamente, se enfrentarán a la extinción final.

EE.UU.	2.05
Reino Unido	1.94
Brasil	1.90
Francia	1.89
Australia	1.79
Suecia	1.67
China	1.55
Canadá	1.53
Alemania	1.41
España	1.41
Italia	1.38
Rusia	1.34
Japón	1.27
Sudáfrica	2,64 La tasa de fertilidad de los blancos es de 1,5.

De la tabla anterior se desprende que una tasa de fecundidad de 1,3 tarda entre 80 y 100 años en revertirse, lo que es casi imposible; mientras que históricamente una tasa de fecundidad de 1,9 nunca se ha revertido. Además, la gravedad del declive de la población blanca queda disimulada por el hecho de que en estas cifras se incluye una gran proporción de personas no blancas con tasas de fecundidad más elevadas.

El porcentaje de población blanca en los principales países es el siguiente

Brasil	48
Alemania	88[311]
Reino Unido	86[312]
Australia	85
Francia	85
Rusia	81
Canadá	80
Estados Unidos	65[313]

Se espera mucho de China para salvar la economía mundial, pero las tasas de fecundidad de los territorios vecinos de Hong Kong (7 millones de habitantes) son de 0,97 para este último y de 1,10 para Taiwán (23,3 millones de habitantes), lo que demuestra claramente una tendencia a la baja, y sugiere que no pasará mucho tiempo antes de que la China continental iguale estas tasas de fecundidad a medida que su nivel de vida siga aumentando. Este descenso de la tasa de fertilidad en China también se ve favorecido por la política de un solo

---

[311] Según la oficina estadística alemana Destasis, 15 millones, es decir, el 19% de la población alemana de 80,2 millones, son de origen no alemán. El censo se realizó el 9 de mayo de 2011.

[312] *Heritage and Destiny*, The Changing Face of a Disunited Kingdom, Preston, Inglaterra, marzo-abril de 2013, p. 3.

[313] M. Merlin, *Our Vision for America*, A2Z Publications LLC, Las Vegas, 2012,ix.

hijo del gobierno chino, vigente desde 1979. Se prevé un crecimiento cero de la población en China para 2025.

Desde la Segunda Guerra Mundial, un número cada vez mayor de mujeres casadas en el mundo occidental, engañadas por la malvada propaganda del feminismo y la igualdad de género, se han visto obligadas a buscar trabajo, para que sus familias puedan pagar la cantidad cada vez mayor de intereses necesarios para llegar a fin de mes. La mayor parte de estos intereses se cobran a través de las hipotecas, es decir, sobre el dinero que los bancos han creado de la nada. El resultado directo de este inicuo sistema financiero ha sido la destrucción de la vida familiar normal y una dramática reducción de la fertilidad femenina. Según Aaron Russo, los Rockefeller estaban detrás de este plan diabólico que se creó para atraer a las mujeres a la red de impuestos sobre la renta, desestabilizar la sociedad y establecer el Nuevo Orden Mundial.[314] Así, podemos establecer un vínculo innegable entre la usura y el declive demográfico. Incluso si el sistema de usura se aboliera por completo en cinco o diez años, estas tendencias no se invertirían fácilmente a corto o medio plazo. Si la usura permanece, el mundo debe prepararse para un período de depresión, similar a la Edad Media, que durará siglos.

En los capítulos anteriores se ha demostrado de forma concluyente que un sistema bancario estatal y la emisión de la moneda de una nación soberana son los únicos medios para proporcionar un orden natural que garantice

---

[314] Véase https://www.youtube.com/watch?v=IdM8UN2aG_E donde el difunto Aaron Russo, amigo del miembro del Consejo de Relaciones Exteriores Nicholas Rockefeller, también revela que la revista *Ms.* de Gloria Steinem fue financiada por la CIA.

la armonía, la paz y la prosperidad basadas en la independencia étnica de todos los pueblos.

A pesar de los numerosos avances tecnológicos, en los últimos 300 años se ha producido un progresivo deterioro de la civilización europea occidental. La excesiva concentración de poder y riqueza, basada únicamente en métodos bancarios deshonestos, ha permitido a una pequeña camarilla de banqueros criminales controlar los medios de comunicación y el sistema educativo y, de este modo, lavar el cerebro a una humanidad fragmentada e irreflexiva, que se deja llevar por las comodidades superficiales de la democracia y el materialismo, mientras se sumerge en una orgía de guerras salvajes e innecesarias, con el único propósito de perpetuar este sistema bancario central que organiza la degradación cultural que nos lleva directamente a nuestra propia extinción demográfica.

ANEXO

*Carta del Presidente Abraham Lincoln
al Coronel E. D. Taylor*

Chicago, Illinois, Diciembre de 1864

Coronel E. O. Taylor,

Hace tiempo que decidí hacer público el origen de los billetes verdes y declarar al mundo que son la creación de Dick Taylor. Siempre me has mostrado amistad en los momentos difíciles que hemos pasado, y aunque mis hombros son anchos y dispuestos, estaba debilitado y rodeado de circunstancias tan adversas que no sabía a dónde acudir. Entonces, en una situación extrema, me dije: "Mandemos llamar al coronel Taylor; él sabrá qué hacer. Creo que fue en enero de 1862, alrededor del día 16, cuando decidí hacerlo. Vino a verme y le pregunté: "¿Qué podemos hacer? Entonces me dijo: "¿Por qué no emitir billetes del tesoro sin intereses, impresos en el mejor papel bancario? Emitir suficientes para pagar los gastos militares y hacerlos de curso legal". Chase pensó que era un movimiento arriesgado, pero finalmente lo hicimos y dimos al pueblo de esta República la mayor bendición de todas: su propio papel moneda para pagar su propia deuda. Se lo debemos a usted, el padre del actual billete verde, que el pueblo debe conocer, y me complace darlo a conocer. Cuántas veces me he reído de ti cuando me decías que era demasiado vago para ser algo más que un abogado.

Atentamente,

A. Lincoln.

Esta carta manuscrita fue verificada y documentada el 10 de febrero de 1888 por el 50º Congreso de los Estados Unidos.

Billete de **la Reserva Federal** - Moneda plutocrática emitida por el Banco privado de la Reserva Federal de los Estados Unidos.

Billete de Estados Unidos - Moneda auténtica emitida por el gobierno que circuló desde 1862 hasta 1994. El 4 de junio de 1963, el presidente John F. Kennedy emitió la Orden Ejecutiva 11110, en la que daba instrucciones al Tesoro para imprimir 4.000 millones de dólares en billetes de 2 y 5 dólares, un ejemplo de los cuales se muestra arriba. Estos billetes, respaldados por la plata de las bóvedas del Tesoro, se emitían como deuda y sin intereses; el producto del señoreaje no iba a la Reserva Federal privada, sino al gobierno de los Estados Unidos. Esta cuestión formaba parte del plan a largo plazo de Kennedy para reducir el poder de la Reserva Federal. El 22 de noviembre de 1963, Kennedy fue abatido en Dallas, Texas, por asesinos supuestamente patrocinados por Rothschild.

OPINIÓN DE MATTHEW JOHNSON

Una de las cosas más difíciles de explicar a los estudiantes universitarios estadounidenses es que el capitalismo y el comunismo tienen más en común de lo que parece. De hecho, no importa cómo se explique, sigue prevaleciendo el viejo tópico de que ambos son "opuestos". Peor aún, explicar a los estudiantes y a sus desconcertados padres que el sistema bancario y los conglomerados industriales estadounidenses financiaron la Revolución Roja soviética y construyeron todo el aparato industrial soviético es también un ejercicio desesperante y exasperante.

Una forma sencilla de definir esto sería decir que para los banqueros modernos, el control estatal de toda la economía desde un solo lugar es lo que consideran el cielo. Sólo existe un plan, un sistema bancario y un sistema social; esto significa que los bancos se limitan a seguir el dinero, a la espera de que el Estado, y no la economía como tal, devuelva los intereses exigidos. En otras palabras, la economía dirigida es la que presenta la cara más simpática de los bancos. No es necesario establecer los vínculos entre los bancos privados y la economía estatal. Es tan fácil que un banquero trabaje para el Partido como para Goldman-Sachs.

El capitalismo y el socialismo se basan en el materialismo. La producción y la utilidad se consideran el bien, la eficacia de los métodos se considera la *condición sine qua non* de la contemplación ética. Ambos sistemas tienen una orientación tecnológica, profesan una visión lineal de la historia y pretenden mecanizar todos los aspectos de la vida humana. A medida que se desarrollan, el sistema económico y el Estado se funden en una sola máquina. El error de los libertarios ha sido siempre creer que el Estado y el capital privado se oponen. Cuando en realidad es lo contrario. Una gran concentración de capital siempre está profundamente conectada con el Estado, utilizándolo tanto como salvaguarda como regulador para mantener un acceso muy limitado al mercado. La derrota del Departamento de Justicia por parte de Microsoft en 2010-2012, demuestra el desequilibrio de poder entre el capital privado y el Estado. Esto puede parecer un tema remoto para un estudio del sistema bancario. Para el típico profesor de economía política, lo es. Pero para quienes, como el Sr. Goodson, fueron miembros del comité directivo del Banco Central de Sudáfrica durante muchos años, la opinión académica tomada aisladamente parece un sinsentido. El Sr. Goodson no estaba aislado, y fue testigo de la estrecha toma de control de la vida económica por parte de los gigantescos conglomerados bancarios de todo el mundo. Fue un testigo privilegiado.

Este libro no es un estudio de técnicas económicas. Es, afortunadamente, un estudio histórico. Goodson se da cuenta de lo que la mayoría de los economistas son incapaces de hacer: que para entender un fenómeno económico hay que verlo como el resultado de décadas de desarrollo histórico. Cada aspecto del conjunto refuerza continuamente la imagen global, y el propio conjunto, como un organismo, cambia constantemente a medida que la historia presenta nuevos retos, nuevos proyectos y nuevas víctimas.

En otras palabras, la vida secreta de los bancos no fue sólo el resultado de la reunión de un grupo de hombres en una isla de la costa de Georgia. Ellos mismos fueron actores de una tendencia histórica que se remonta a las primeras civilizaciones mesopotámicas y que culmina en Roma. El hecho de que todo se haya basado siempre en los mismos valores, independientemente de la civilización en la que se haya anidado, es tan impresionante que merece un análisis más profundo. Sin embargo, dadas las consecuencias políticas de tal honestidad, Goodson tuvo que dimitir porque pocos en el mundo institucional se molestarían en mencionar su trabajo, y menos aún en respaldarlo.

Hay una constante histórica que se desprende claramente de este estudio: que la distinción esencial entre monarquía y republicanismo (en términos generales) es económica. Las repúblicas son normalmente oligarquías, o al menos contienen el germen de ellas. Las monarquías, al estar en guerra perpetua con su propia nobleza, suelen rechazar las sospechas de oligarquía. Ya sea el Partido Nacional Socialista de China o de Bielorrusia, el Banco Real de San Petersburgo o la dictadura centralizada de la época agustiniana, toda forma de estatismo fuerte ha librado una guerra contra el monopolio bancario. Ningún gobernante autoritario ha aceptado nunca la rivalidad de un mediador económico todopoderoso. Por supuesto, hay algunas excepciones en ambos lados, pero la historia muestra claramente que los estados fuertes, aquellos basados en la autoridad tradicional, rechazan la alquimia del dinero y la usura.

Roma

En la época de Cicerón, Roma ya se estaba alejando rápidamente de su oligarquía senatorial, hacia el imperio militar de Sila y sus sucesores. El impacto inmediato, una vez que se asentó el polvo de las guerras civiles, fue el control de la moneda y la usura. Julio César trató de limitar el pago de intereses al 1% mensual y, en una medida populista pocas veces vista en la historia, prohibió su capitalización. Además, los intereses devengados nunca podrán superar el capital original.

En Bizancio, el Imperio Romano de Oriente, los intereses se limitaban oficialmente al 5%, más o menos, pero esto sólo podía mantenerse bajo el gobierno de emperadores fuertes. Por ejemplo, Basilio II rechazó todo interés y obligó a los terratenientes ricos a ayudar a los campesinos pobres. Su poder, aunque común, solía encontrarse con una reacción aristocrática que colocaba emperadores títeres en Constantinopla. Sin embargo, bajo este sistema, la Roma oriental tenía una economía vibrante y popular. Su moneda servía de patrón general en lugares tan remotos como China. Los campesinos eran propietarios libres y el feudalismo no existía. La inflación tampoco existía y el comercio floreciente siempre favorecía al capital. Por eso, estados oligárquicos como Venecia, Dubrovnik y los intrusos normandos en Sicilia siempre financiaron a los enemigos de Roma.

Después de 1204, cuando los cruzados normandos tomaron Constantinopla, se impuso el dominio de los oligarcas venecianos. Habiendo renunciado a su autonomía financiera ante las infusiones regulares de dinero veneciano, los emperadores de los siglos XIV y XV condenaron a muerte a Bizancio. Habiendo perdido toda independencia económica y viendo cómo la inmensa riqueza de Oriente era engullida por el pago de intereses a Italia, Bizancio se derrumbó finalmente bajo una invasión turca financiada por Italia en 1453. Venecia se convirtió en aliada incondicional de Turquía.

No hay ningún misterio económico en esto. Donde la usura está fuertemente controlada, no existe la huida continua y el amontonamiento de la riqueza en los centros bancarios. Esta hemorragia financiera hace que el valor siga estando donde debe estar: con los pequeños empresarios y los pequeños propietarios. Sin el aumento matemático de los intereses, una mera porción del trabajo actual era suficiente para mantener la estabilidad monetaria, los suministros necesarios y una nobleza obligada a servir al Estado en lugar de servirse a sí misma. Con el sistema moderno de usura, la centralización es inevitable, ya que el interés compuesto absorbe continuamente cualquier valor económico añadido, y lo amontona en las arcas de la cábala.

Inglaterra

Inglaterra no fue diferente. Antes de la invasión normanda, la Inglaterra anglosajona, incluso después de los ataques vikingos, estaba en una edad de oro financiera. De nuevo, los pequeños propietarios eran la norma, el comercio urbano mantenía los precios bajos y la falta de capital líquido impedía la centralización. En un sistema así, el feudalismo no podía existir. La usura fue prohibida en Mercy bajo Offa el Grande y el frenético intento de Alfredo de centralizar el poder en Wessex contra los daneses también le llevó a rechazar los "servicios" de la cábala bancaria. Sin embargo, los bancos italianos estaban muy interesados en el asalto que Guillermo el Conquistador planeaba sobre la fortaleza anglosajona y en la eliminación de la influencia escandinava en Inglaterra. Le seguía un pequeño ejército de traficantes de esclavos judíos, venecianos y banqueros romanos. La usura se permitió durante un tiempo bajo la hegemonía normanda. La antigua aristocracia inglesa fue masacrada y Guillermo el Conquistador importó una nueva nobleza con estrechos vínculos con Italia. El feudalismo había hecho así su primera aparición en suelo inglés. Varios siglos después, Irlanda también experimentaría los beneficios del progreso normando.

Este progreso, en la época del rey Esteban, llevó a la creación de un sistema bancario que cobraba una media del 33% de interés sobre las tierras hipotecadas y del 300% sobre el capital. En dos generaciones, más del 66% de las tierras inglesas estaban en manos de banqueros judíos e italianos. Esto puede explicar la constante necesidad del Imperio Plantagenet de apoderarse de más y más tierras francesas.

Tal fue el destino de la Inglaterra normanda hasta el reinado de Eduardo I (1307), que emuló a los bizantinos (donde muchos anglosajones habían servido después de 1066) limitando estrictamente los intereses y su acumulación. Al expulsar a los banqueros del país, inauguró una época de prosperidad que lamentablemente se vio truncada por la peste. No es casualidad que, al igual que Bizancio había cedido su soberanía a Venecia a cambio del uso de su armada, Inglaterra tomara la dirección opuesta contra Italia y Roma.

Desde el reinado de Eduardo I hasta la Gran Peste, Inglaterra fue próspera. El año de trabajo consistía en 14 semanas, tiempo suficiente para proveer lo esencial. El calendario eclesiástico de Europa Occidental y Oriental exigía entre 100 y 140 días libres al año, sin contar los domingos y el periodo posterior a la Semana Santa. Por supuesto, el capitalismo tuvo que librar una guerra sin cuartel contra la iglesia y buscar la sanción protestante para eliminar los días festivos del calendario. El gobierno del pequeño agricultor estaba de vuelta por primera vez desde Eduardo el Confesor. Por desgracia, no fue la última. La Reforma, una vez que la influencia de Lutero disminuyó, tenía ideas diferentes sobre el dinero.

Una vez que Enrique VII estabilizó Inglaterra tras la Guerra de las Rosas, llegó el momento del ascenso de los bancos. La Reforma y la inmoralidad de Enrique VIII proporcionaron la excusa necesaria. La Reforma fue un intento de los Estuardo de empezar a centralizar el poder, una vez que la antigua nobleza se había masacrado entre sí. Las tierras monásticas se secularizaron, se desarrolló un mercado de tierras y la financiación del comercio a distancia se convirtió en una prioridad. Enrique VII se convirtió en el último aliento de un poderoso estado tradicional. De Enrique VIII a Eduardo VI, y luego a Isabel, una nueva oligarquía, que necesitaba la pompa de la monarquía como pantalla, había tomado el poder. Pronto, una vez ganada la confianza en su papel, necesitó la ayuda de Guillermo de Orange para justificar su existencia.

España, una vez que el Islam fue finalmente repelido, trató de deshacerse de los sefardíes, los tradicionales aliados del califato musulmán. El nacionalismo español era consustancial a la Iglesia y al Estado, siendo para ambos un vehículo de purificación y regeneración. Al trasladarse a Ámsterdam, los sefardíes reconstruyeron su sede bancaria, creando una "base" de influencia basada en cuatro pilares: el comercio de cereales del Báltico, los bancos de Ámsterdam, Constantinopla, el mercado turco y, sobre todo, Polonia. Esto representó la marea de la modernidad, ya que el precio del grano se disparó en Occidente, obligando a Oriente a exportar cada vez más.

Durante el reinado de Isabel y ciertamente durante y después de la Revolución Inglesa, España era el enemigo. La católica Irlanda buscó la ayuda española contra el expolio de los galos por parte de Inglaterra, algo que Cromwell iba a castigar con dureza genocida. La importación de plata del Nuevo Mundo por parte de

España amenazaba el dominio de los bancos. El régimen bancario financió la rebelión holandesa contra los españoles, mientras que la prensa mundial no escatimó en retórica para denunciar la presencia de los ejércitos españoles en el norte de Europa. Los enemigos británicos de la élite bancaria también buscaban ayuda en España.

Una vez que Carlos I fue derrotado en 1645 y Cromwell estableció su dictadura militar sobre Inglaterra e Irlanda en 1653, el régimen bancario ya había destruido a sus enemigos y asegurado su lugar. La ocupación pacífica de Winchester por parte de Guillermo de Orange, 30 años después, significó que los banqueros disponían ahora de Inglaterra para utilizarla contra Francia y España. No sorprenderá a nadie que los jacobitas dedicaran tanto tiempo y esfuerzo a atacar a la élite bancaria que había tomado el poder con tanta vehemencia. Ni Jaime I ni Jaime II creían en el "derecho divino", ni querían imponer su dictadura. Sólo Cromwell buscó ese honor. Sin embargo, los James fueron acusados de todos los delitos posibles. James abogaba por la tolerancia religiosa, no por una "teocracia española", como los whigs reclamarían más tarde. El partido Whig defendía el sistema de usura y, como tal, fue siempre el movimiento político que buscó la guerra con Francia, España y, finalmente, Rusia, con más ahínco.

El Parlamento, ahora instrumento del capitalismo y del imperio, buscaba cualquier excusa para vengarse de España. La "democracia" y la "voluntad del pueblo" se consideraban idénticas a los intereses de los mercaderes y comerciantes. Inglaterra se había convertido en una oligarquía. A los gobernantes católicos se les iba a prohibir para siempre gobernar Londres, por mucho que Jaime quisiera ser religiosamente neutral. La guerra de Guillermo con Francia fue financiada por toda la banca de Ámsterdam, algo que admitió claramente el propio Guillermo de Orange, cuando intentó concertar un matrimonio con una Estuardo que iba a quedarse sin hijos.

Ucrania y Polonia

Seguramente no es una coincidencia que el reinado de Cromwell y el lento genocidio de los resistentes irlandeses y de los jacobitas ingleses tuviera lugar al mismo tiempo que se desarrollaba el movimiento opuesto en el otro "polo" de la "plaza comercial" judía. El crecimiento de la población de Occidente, junto con la progresiva centralización de los estados, provocó un aumento de la demanda de cereales. Esto significaba, entre otras cosas, que la nobleza debía intensificar su servidumbre sobre los campesinos y dedicar una mayor parte de la producción a la exportación.

La nobleza polaca había otorgado a los judíos el monopolio del comercio terrestre, de la vida urbana, del mercado de alquiler y del alcohol. Todas las fuentes históricas oficiales de la historia de Ucrania se ven obligadas a admitirlo. La impotente monarquía polaca trató de recuperar el poder, como había hecho en otros lugares, mediante una alianza con las ciudades. Viendo esto como una amenaza, los nobles polacos contraatacaron acogiendo a los judíos jázaros en busca de una nueva patria tras la caída de Italia siglos atrás. No sólo lo encontraron, sino que su poder oficial y su éxito alcanzaron tal grado que las afirmaciones rabínicas de que el siglo XVII era una época "mesiánica" eran muy comunes. De hecho, era un toque de tambor que anunciaba que se acercaba la hora del salvador. En cambio, sufrieron la revuelta del Hetman cosaco Bogdan

Khmelnytsky. La revuelta de Khmelnytsky fue el reverso de la de Cromwell. Los cosacos lucharon contra los cosacos. Los cosacos lucharon contra una oligarquía de larga data, mientras que Cromwell trató de establecer una.

El ascenso de Khmelnytsky en 1648 fue el único acontecimiento que definió el nacionalismo ucraniano para siempre. Nada volvió a ser lo mismo. Polonia casi se derrumba. Los judíos tuvieron que huir para salvar sus vidas. Los tártaros de Crimea consiguieron liberarse del dominio turco. Roma entró en pánico cuando sus iglesias, asociadas desde hace tiempo a la usura, fueron quemadas por los cosacos, recordando que habían sido construidas un siglo antes sobre las ruinas de las iglesias ortodoxas. Aún tambaleándose bajo la Reforma, Roma se enfrentaba ahora también a su erradicación en Oriente. El Patriarca de Jerusalén, Paisios, coronó a Hetman Khemlnytsky "Monarca de todas las Rusias". Rusia, Viena, Prusia y París pudieron ahora centralizar su poder y desafiar a Roma. Rusia guardaba especiales agravios con Roma, ya que fue el papado el que declaró una cruzada contra el norte de Rusia en 1256, financió la expansión mongola y calificó de "guerra santa" el ataque polaco a Ucrania. Aunque París y Viena siguieron siendo católicas, se trataba de un catolicismo nacional, en el que la corona, y no Roma, comenzó a seleccionar a los arzobispos. Esto no iba a durar.

Roma consiguió sugerir a los carmesíes que abandonaran a los eslavos ortodoxos. La muerte de Herman Khmelnytsky en 1657 provocó la división del ejército cosaco entre los heterosexuales y ambos lados del Dniéper. El Hetman Ivan Vyhovsky y Pavlo Teteria buscaron una alianza con Polonia, Briukhovetsky en el Este se dirigió a Moscú y Doroshenko, desesperado, acudió a los turcos. En 1708, el Hetman Ivan Mazepa se dirigió a los suecos. El desastre sobrevino y entre los historiadores ucranianos este periodo se conoce como la "ruina".

A medida que Rusia se acercaba al Dniéper, Viena se alarmó ante la posible rusificación de la mayor parte de Europa Oriental (incluidos los Balcanes) y movilizó sus esfuerzos contra ella. Con un cierto margen de maniobra, Polonia recuperó su antigua estabilidad y la nobleza regresó a casa. Un siglo después, la rebelión de los cosacos de Haidaimak condujo a lo impensable: el tratado de "amistad eterna" (es decir, la Tregua de Androussovo, 1667) entre Polonia y Rusia, que dividió a Ucrania en dos imperios separados. La rebelión de Haidaimak fue aplastada por un esfuerzo concertado de Moscú y Krakov, y todo volvió a ser como antes de 1648.

Al igual que en Inglaterra, bajo el dominio cosaco la sociedad estaba dividida en condados, dirigidos por una democracia local que mostraba un total desinterés por la usura. Los resultados fueron típicos: las comunidades eslavas tradicionales resurgieron y se produjo una estabilidad política y económica. El lento apoyo de la aristocracia cosaca, financiada por San Petersburgo, condujo a la imposición de una oligarquía que permitió fácilmente a Catalina II, a mediados del siglo XVIII, acabar para siempre con los Hetmanatos.

Estados Unidos

Las colonias descentralizadas de Estados Unidos eran generalmente prósperas. La abundancia de tierra, los excelentes puertos y un fuerte espíritu pionero crearon un mundo avanzado a partir de casi nada. Cuando se le preguntó por todos estos fenómenos, Benjamín Franklin hizo su famoso comentario:

> "Es muy sencillo. En las colonias, emitimos nuestra propia moneda. Se llama la escritura colonial. La emitimos en proporción a la demanda de la industria y el comercio para facilitar la transferencia de productos de los productores a los consumidores. De este modo, creando nosotros mismos nuestro propio papel moneda, controlamos su poder adquisitivo, sin tener que pagar intereses a nadie. (Benjamin Franklin, Londres, 1763)

Con la excepción del execrable Alexander Hamilton, los padres de América, aunque divididos en casi todos los demás temas, estaban unidos en el tema de la banca. Era un campo aborrecido. El valor del dólar se mantuvo estable hasta 1917. Sin embargo, los ciclos de burbujas y crisis desde la Guerra de Secesión, el inmenso aumento del poder federal, la Primera Guerra Mundial y la formación del imperio estadounidense, contribuyeron a allanar el camino para el establecimiento de la cábala de la Reserva Federal privada en los Estados Unidos (el término "federal" en este caso debe entenderse como similar a "Federal Express").

El hecho es que los temores de los antifederalistas estaban bien fundados: el gobierno estadounidense de Washington se había vuelto extremadamente poderoso, arrogante y completamente alejado de los estadounidenses. Hacía tiempo que estaba bajo el dominio de una oligarquía embrionaria que pronto tomó la forma de la Fed, el imperio Rockefeller, el culto Carnegie y el estado de guerra probado en la guerra hispano-americana y en los últimos meses de la Primera Guerra Mundial.

De 1914 a 1920, los precios subieron un 125%, como

bien relata Goodson. El dólar perdió casi el 60% de su valor en seis años. Al mismo tiempo, el valor de los billetes del Tesoro federal bajó un 20%, encareciendo los antiguos billetes. Sin embargo, los bancos exigieron que se devolvieran los nuevos billetes más baratos, lo que, por supuesto, significaba que el dinero era exigible.

La inestabilidad aumentó cuando los precios del ferrocarril y de otros medios de transporte se dispararon. Las pequeñas explotaciones agrícolas que en su día fueron la espina dorsal de la prosperidad estadounidense se fueron convirtiendo poco a poco en económicamente inviables, antes de desaparecer definitivamente. Esto significó, en la práctica, una transferencia masiva de riqueza del campo a las ciudades. La producción agrícola se desplomó en un 50%. La guerra contra la América rural estaba declarada y aún no había terminado. El déficit fue pronto cubierto por la agroindustria, gracias a una centralización del crédito que buscaba financiar a los conglomerados más grandes, considerados como entidades más seguras que las pequeñas.

En 1927, la Reserva Federal bajó los tipos y, por tanto, aumentó la oferta monetaria. Pero era la época de los "locos años veinte", los inicios de una oligarquía sobredimensionada, como una entidad segura de sí misma y carente de toda oposición seria. Esto significaba que el dinero se consideraba un valor en sí mismo, separado de la producción real. El dinero entró en el mercado de valores, multiplicando por diez la demanda e inflando los precios. Los márgenes se incrementaron mediante el endeudamiento, y la relación precio-ingreso se elevó a 50:1, es decir, el precio de las acciones era muy superior a la capacidad productiva del capital implicado. Visto de otra manera, el precio de las acciones no tenía relación con la salud financiera de las empresas implicadas, la productividad del capital o del trabajo, o el valor añadido resultante.

Así, en 1927, el mercado de valores estadounidense era una farsa. Los precios reflejaban las inversiones especulativas, el dinero fácil y la percepción, que sigue siendo un misterio psiquiátrico, de que ese falso crecimiento duraría siempre. La viabilidad financiera de las empresas era irrelevante. En 1929, la Fed subió los tipos de interés al 6%. La señal era clara: el mercado de valores en su conjunto se revalorizó un 83%. 10.000 bancos quebraron, y los corredores de bolsa, que trabajaban en burbujas de deuda, se arruinaron.

Rusia

La prosperidad y el crecimiento económico de Rusia comenzaron con la liberación de los siervos por Alejandro II en 1861. Los siervos bajo control directo del Estado ya habían sido liberados por el zar Nicolás I. Como suele ocurrir, sólo el más autocrático de los monarcas tuvo el valor de pasar por encima de las élites e imponer una legislación en favor de los campesinos. A diferencia de la emancipación de los siervos austriacos unos años antes y de la liberación de los esclavos del Sur por parte de Lincoln, los siervos rusos recibieron tierras junto con su libertad. El Estado pagó a la nobleza y, con el tiempo, los campesinos pudieron pagar al Estado. Los pagos eran muy bajos y el zar Nicolás II los canceló todos en 1905. Esto fue un clavo más en el ataúd de la nobleza.

Los siervos rusos nunca habían sido esclavos. La servidumbre, una reacción a las invasiones polaca y sueca del siglo XVII, sólo había afectado a los campesinos de las regiones de la Tierra Negra del sur de

Rusia. Nunca había existido en el norte, ni en Siberia. En la Rusia central, sólo afectaba a los siervos que debían realizar determinadas tareas en pago de servicios prestados o bienes de consumo. Pero a partir de 1840, la mayoría de los campesinos pagaban un alquiler, lo que significaba que ya no eran siervos. La servidumbre en Rusia significaba realmente que un campesino tenía garantizada la tierra necesaria para sobrevivir y, al mismo tiempo, unos ingresos estables, ya que servían directamente al Estado, incluso aportando mano de obra militar. Como todos estaban al servicio de los demás, el sistema estaba equilibrado. Con el zar Pablo y su madre, Catalina II, los nobles fueron liberados del servicio estatal, por lo que quedaron sin poder político.

Los campesinos se autogobiernan en las comunas, donde todos los puestos se cubren mediante elecciones. El *volost*, o gobierno del condado, también era elegido, con una representación equitativa de todas las clases sociales. El sistema judicial a nivel de *volost* y comuna se basaba en el ejercicio de la democracia campesina pura. Los jueces de las comunas eran exclusivamente miembros del campesinado y los tribunales *de las volostas* tenían dos nobles y dos representantes campesinos. En general, la nobleza rusa estaba en peor situación económica que el campesinado, cargada de deudas y exenta del servicio estatal durante mucho tiempo. No tenían otra cosa que hacer que comprar lujos occidentales por encima de sus posibilidades. Las comunas campesinas tenían derecho a anular las leyes federales y, en general, eran completamente autosuficientes. Si de algo adolece Rusia es de un exceso de democracia.

En 1861, el *volost fue* sustituido por el *zemstvo*, un poderoso sistema de condados con una cámara baja de campesinos y una cámara alta de nobles, en su mayoría pobres. El *zemstvo se encargaba de la* educación, las infraestructuras públicas, la vida eclesiástica, la recaudación de impuestos y la policía. No había ningún ámbito de la vida campesina que no se basara en la democracia local. Se elegía un "capitán de la tierra", normalmente un noble pobre, para mediar en los conflictos entre campesinos y nobles, y a veces los campesinos acudían al capitán si tenían alguna queja contra las autoridades del municipio o *del zemstvo*. Desde el punto de vista político, a partir de 1850, los nobles se han vuelto políticamente impotentes.

Así, la emancipación de los siervos y la creación de la prensa libre, el *zemstvo* y una serie de reformas educativas, pusieron fin al proceso revolucionario, financiado casi en su totalidad por Gran Bretaña. La mano anónima, considerando esto intolerable, hizo asesinar a Alejandro II en 1881. Su hijo, Alejandro III, continuó el programa de reformas de su padre, y siendo un hombre fuerte y decidido, aplastó el movimiento revolucionario hasta su muerte en 1894.

El zar Alejandro III creó el Banco de Tierras de los Campesinos a principios de la década de 1880, que proporcionaba préstamos sin intereses a los campesinos mientras intentaba canalizar la inversión hacia la mejora de las condiciones agrícolas. El zar Alejandro y su ministro de finanzas, Nikolai Bunge, diseñaron y aplicaron la ley laboral más completa de la historia europea. Su hijo, Nicolás II, lo amplió continuamente hasta el estallido de la Primera Guerra Mundial.

> "Los rusos fueron pioneros en derecho laboral. El trabajo infantil fue abolido más de 100 años antes que en Gran Bretaña, en 1867. Rusia fue el primer país industrializado que aprobó leyes que limitaban

la jornada laboral en las fábricas y minas. Las huelgas, prohibidas en la Unión Soviética, estaban permitidas pero no eran habituales en la época del zar. Los derechos sindicales se reconocieron en 1906, mientras que una inspección laboral controlaba estrictamente las condiciones de trabajo en las fábricas. En 1912 se introdujo el seguro social. La legislación laboral era tan avanzada y humana que el Presidente de los Estados Unidos, William Taft, declaró: "El Emperador de Rusia ha promulgado una legislación laboral más cercana a la perfección que la de cualquier país democrático. Los pueblos de diferentes razas que vivían en el Imperio Ruso disfrutaban de una igualdad de estatus y oportunidades sin parangón en el mundo moderno. Su Majestad Imperial, el zar Nicolás II (1894-1917) y su banco estatal crearon un paraíso obrero sin parangón en la historia de la humanidad". (Goodson)

Aquí no hay ningún misterio. El emperador alemán, igualmente autocrático, aprobó una legislación similar. En ambos casos, el crecimiento económico de los sectores agrícola e industrial fue de una media del 15%. El número de habitantes se disparó y, en el caso ruso, los campesinos recibieron tierras gratuitas y nuevas herramientas en el sur de Siberia (no en el norte helado), con el fin de colonizar este vasto espacio vacío de un tamaño dos veces mayor que el de Estados Unidos. En 1905, el 90% de la tierra cultivable rusa estaba en manos de los campesinos. Ninguna otra sociedad industrializada podría igualar estas medidas. Los campesinos compraron las tierras de los nobles en gran número, porque Rusia era al mismo tiempo completamente autosuficiente. Su mercado interno cubría casi el 99% de su producción y no necesitaba ninguna mercancía del exterior. Todo lo que recibió de Occidente fue la revolución...

Más al sur, Georgia buscó la protección rusa como escudo contra sus vecinos musulmanes. El decimotercer Dalai Lama del Tíbet, Thubten Gyamtso, solicitó al zar Nicolás II que pusiera su país bajo protección rusa para salvar a la monarquía budista de ahogarse en el opio británico. Varios rusos fueron tutores de nobles tibetanos y del propio Dalai Lama. Rusia era vista como la salvadora de todos los que luchaban contra el imperialismo chino y británico.

El zar Nicolás II tuvo la tentación de entrar en guerra con Manchuria, ya que China mantenía bajo su yugo a su población budista occidental y a los tibetanos. Varios millones de musulmanes también estaban bajo el yugo de la Manchuria china. Rusia fue llamada la "Salvadora Blanca" profetizada durante mucho tiempo por los sabios chinos. El descubrimiento de petróleo en Bakú, en el actual Azerbaiyán, que entonces formaba parte del Imperio ruso, no hizo más que empeorar las cosas a ojos de los británicos. La dinastía Rothschild había declarado la guerra a Rusia, financiado a los revolucionarios rusos y, lo que es más importante, fomentado una alianza antirrusa.

La alianza de los Rothschild, en su mayor parte, fue creada en represalia por el éxito ruso. Contó con la financiación de Turquía, las tribus turcas del sur de Rusia, Persia y, lo que es más preocupante, Japón. La ocupación turca de los Balcanes fue respaldada por los Rothschild, ya que sin Turquía, los estados prorrusos como Serbia y Bulgaria llenarían el vacío. La prensa británica elogió a los turcos por liberarse de la "superstición ortodoxa" y por considerar a los rusos como "mongoles" cuyos "colmillos" debían mantenerse alejados de los Balcanes.

Rusia ayudó a financiar a Bulgaria y Serbia, buscando la unificación de China una vez que cayera el estado manchú. Con su protectorado indirecto sobre el Tíbet y la incorporación del estado georgiano alfabetizado y urbanizado, comenzó a establecerse un inestable equilibrio de poder entre el paraíso de los banqueros y el paraíso de los trabajadores. Desgraciadamente, Japón era una mejor apuesta que China. Rusia apoyó a Afganistán contra Gran Bretaña en la guerra anglo-afgana de 1879-1880, pero no fue tan eficaz como el rearme de Japón bajo la Royal Navy.

Si Rusia no hubiera participado en la Primera Guerra Mundial, ¿cuál habría sido el resultado? Un escenario realista sería el siguiente: la floreciente población rusa habría repoblado toda Siberia y partes de Asia Central. Rusia habría tomado los Balcanes y Constantinopla, probablemente con la bendición de Alemania. Esto habría permitido a Rusia apoderarse de la mayor parte de Oriente Medio, o al menos convertirse en el protector de los ortodoxos griegos y árabes. Alemania habría visto el valor de una alianza con Rusia en lugar de con Viena. Los intereses, los sistemas ideológicos y políticos de Rusia y Alemania eran muy similares. La alianza rusa con su antiguo enemigo, Gran Bretaña, tenía poco sentido político para Rusia, pero el control de la expansión alemana fue la prioridad de Londres entre 1910 y 1913. Alemania se dio cuenta de que su alianza con Austria-Hungría la obligaría a participar en cualquier conflicto en el que se viera envuelta Viena. Esto no serviría a los intereses alemanes. El pobre rendimiento militar de Austria durante la guerra, así como la inestabilidad de su economía, fue lo que obligó a

Alemania a dividir sus fuerzas militares en dos frentes.

Los nuevos y crecientes recursos petrolíferos de Rusia, su enorme reserva de recursos naturales, su mercado interno y su capital industrial habrían financiado un protectorado sobre China y, ciertamente, sobre todo el sudeste asiático. La mayor parte de Asia Central, bajo control chino, también habría quedado bajo la protección rusa, si no la ocupación. En comparación con el colonialismo británico, la expansión rusa nunca fue explotación sino defensa.

Este mercado, el crecimiento económico y el continuo aumento de la población habrían atraído a las demás potencias del mundo hacia Rusia. Se habría considerado, militarmente hablando, inexpugnable. Mirando hacia el este y no hacia el oeste, no habría sido una amenaza para el equilibrio de poder europeo. Una alianza con Alemania habría sellado el destino de Europa como potencia tradicional, cristiana y monárquica. Viena se habría visto impotente y, por tanto, habría empezado a resolver sus diferencias con Alemania, ya que los alemanes del imperio buscaban acercarse a ella y la población eslava se volvía hacia Rusia. Nunca podría haber surgido una Hungría airada y expansionista, ya que estaba constantemente en guerra con sus minorías, igualmente airadas.

La Iglesia ortodoxa habría encontrado un aliado dispuesto en el luteranismo alemán (monárquico) y en el creciente movimiento católico antiguo. Si Rusia y Grecia se hubieran unido a este cisma con la Iglesia romana, como estaba previsto, la antigua Iglesia católica se habría visto sustancialmente reforzada. Ya existía un creciente interés entre los anglicanos conservadores y algunos luteranos por la tradición ortodoxa.

La mayor parte del oeste de Canadá habría quedado bajo el control ruso de la población de Alaska, cuyas interacciones positivas con los isleños de las Aleutianas habían convertido a Rusia en una presencia bienvenida y no imperialista. Las empresas rusas ya estaban presentes en Hawái y habrían protegido a su monarquía. Estados Unidos financió el derrocamiento de la casa real hawaiana. Dada la buena imagen de Rusia en la mayor parte de Asia, no hay razón para creer que la casa real hawaiana (y otros estados del Pacífico) no hubieran considerado también el beneficio de un protector distante pero poderoso.

El imperialismo ruso no tenía afán de lucro como el del Imperio Británico. Era de naturaleza defensiva. Las poblaciones nativas eran normalmente bien tratadas y, como en el caso de los armenios y los musulmanes asiáticos, nunca se les obligó a convertirse a la ortodoxia o a hablar ruso. Juraron lealtad al Zar y al Corán. Polonia recibió una de las constituciones más liberales del mundo, y Finlandia, otra colonia de Rusia, siguió siendo totalmente independiente, excepto en política exterior. Por lo tanto, no hay ninguna razón para afirmar que el dominio imperial ruso pudiera resentirse en lo más mínimo, o incluso considerarse una "dominación" en el verdadero sentido de la palabra.

Hoy parece una fantasía apenas concebible. Pero durante un tiempo, antes de la masacre de la Primera Guerra Mundial, se consideró una realidad viable en San Petersburgo y Londres. Goodson ofrece una visión general de cómo habría sido posible:

> "El 12 de junio de 1860 se fundó el Banco Estatal del Imperio Ruso con el objetivo de estimular los ingresos comerciales y fortalecer el sistema

monetario. Hasta 1894, sólo era una institución auxiliar bajo el control directo del Ministerio de Hacienda. En ese año, se transformó en un banco de banqueros y se convirtió en el instrumento de la política económica del gobierno. Acuñaba e imprimía las monedas y billetes de la nación, regulaba la oferta monetaria y, a través de la red de bancos comerciales, proporcionaba a la industria y al comercio créditos a bajo interés. (Goodson sobre Alejandro II)

Los opositores a la Pax Russica no se quedaron de brazos cruzados. San Petersburgo era, a pesar de todos sus problemas, un núcleo duro que no podía ser quebrado por el régimen bancario. Si Rusia continuara con su desarrollo masivo, su crecimiento demográfico y su industrialización, la usura sería destruida. El Estado ruso, más que el capital privado, planificó y dirigió las inversiones con fondos locales. Los franceses eran la única presencia extranjera importante en la industria rusa. Si esto se sustituyera por proyectos de cooperación ruso-alemanes, la usura se vería gravemente amenazada. Había que tomar medidas. Para dar al lector una pista de lo que podrían haber sido, Goodson cita el discurso del congresista L.T. McFadden en la Cámara de Representantes en 1932:

"Ellos [los banqueros "europeos"] financiaron los mítines de masas de Trotsky en Nueva York para difundir el descontento y la rebelión. Pagaron el viaje de Trotsky desde Nueva York a Rusia, para que pudiera participar en la destrucción del Imperio Ruso. Fomentaron y provocaron la Revolución Rusa y pusieron a disposición de Trotsky considerables sumas de dinero en una de sus sucursales bancarias en Suecia, para que a través de él los hogares rusos fueran completamente disueltos y los niños rusos separados de sus protectores naturales. Desde entonces han comenzado su empresa de destrucción de hogares americanos y dispersión de niños americanos".

McFadden fue silenciado. También el Sr. Goodson. El autor perdió un puesto académico. No hay tema más sensible que la usura, pues ningún poder puede igualar al del interés compuesto. La izquierda es una rama de los bancos, al igual que la mayor parte de la "derecha" neoconservadora. La monarquía fue derrocada por estos intereses y sustituida por una oligarquía global, que supuestamente controla hasta el 80% del PIB mundial. Por supuesto, todo esto existe en nombre de la libertad, el progreso y la democracia.

Comenzamos este largo ensayo con el concepto de usura y el hecho de que el sector bancario occidental se siente muy cómodo con el estatismo de izquierdas. Pasamos a explicar por qué y cómo se produjo esta alianza demoníaca. Sigue vigente y casi no se cuestiona. Sin embargo, hay reacciones, aunque vagas, contra la progresiva monopolización de la riqueza y el trabajo.

Goodson no termina con una nota negativa. Concluye su demostración con un breve resumen de la situación en Dakota del Norte. Como si el lector necesitara más pruebas de las tendencias destructivas de la usura y del sistema de reserva fraccionaria. Dakota del Norte ha creado un banco estatal en el que se depositan los ingresos del Estado. Proporciona préstamos a tipos de interés muy bajos a agricultores y pequeñas empresas. Todos los beneficios se devuelven al Estado. Sin esta práctica de cobrar a los ciudadanos un interés compuesto, Dakota del Norte no se vio afectada por la crisis inmobiliaria de 2007. El PIB del estado ha crecido casi un 100% desde 1997, mientras que la renta por hogar ha aumentado un 140%.

Aunque los medios de comunicación han argumentado que el éxito de Dakota del Norte se debe exclusivamente a su pequeña industria petrolera, este tipo de desarrollo no se ha producido en Alaska, dotada de muchos más recursos de hidrocarburos que Dakota del Norte. Nigeria se ahoga en petróleo, pero sigue siendo un país pobre. Somalia y Chad también tienen ríos de petróleo, al igual que Indonesia y Birmania, pero todos estos estados son igualmente pobres. Al parecer, el petróleo sólo beneficia a Dakota del Norte y a los amantes de Beverly Hills.[315]

El principal punto fuerte del libro de Goodson es, sin duda, su relevancia. Sostiene que cuando un banco estatal dirige el universo financiero de una economía, esa economía prospera. Su análisis de la Alemania de los años 30, de la Italia de principios del siglo XX y de Japón, se caracterizan por tener bancos controlados por el Estado, bajos tipos de interés, inversiones estatales y un desprecio generalizado por el libre comercio libertario. Este sistema ha permitido a estos países disfrutar de tasas de crecimiento de tres dígitos, desempleo cero e inflación casi nula. Actualmente, China, Taiwán y Bielorrusia son los mejores ejemplos.

Bielorrusia, al igual que Ucrania y Rusia, comenzó a marchitarse cuando el FMI y la Universidad de Harvard ayudaron a este sistema mafioso a realizar acuerdos de privatización, lo que finalmente obligó a uno de sus

---

[315] N.D.T. Alusión a una famosa serie de televisión del otro lado del Atlántico.

presidentes, Alexander Lukashenko, a detener las privatizaciones, centralizar el poder y nacionalizar el sector financiero. Mientras que la Ucrania actual ha perdido el 70% de su industria y el 80% de su población instruida vive por debajo del umbral de la pobreza, Bielorrusia tiene una tasa de desempleo del 1% y su industria ha crecido a un ritmo anual del 10% desde el año 2000. Lo mismo ocurre con las dos Chinas: cuando George Soros provocó las dos crisis monetarias de 1997, las únicas dos economías que no se vieron afectadas fueron las que tenían bancos controlados por el Estado, es decir, Taiwán y China. Antiguas potencias como Corea del Sur y Japón, así como Tailandia, se convirtieron en peones oficiales del FMI. Su sistema de puestos de trabajo garantizados de por vida ha sido abolido, y su nivel de vida se ha hundido.

Antes de la guerra que asoló sus respectivos estados, tanto Libia como Siria también tenían un crecimiento anual de dos dígitos, presidentes populares y ambos países estaban cerca de alcanzar el estatus de mundo desarrollado. Ambos países tenían bancos controlados por el Estado e inversiones productivas dirigidas por el Estado. El Estado era un socio en las inversiones estratégicas, no un vástago de ellas. El Iraq de Saddam Hussein hacía exactamente lo mismo hasta que Estados Unidos le declaró la guerra.

El Banco Estatal birmano está bajo el control del Ministerio de Finanzas, dirigido por el general de división Hla Tun, con formación financiera occidental. Su adjunto es el Coronel Hle Swe. Los birmanos no dan ninguna oportunidad a la manipulación extranjera de su moneda. El suelo rico en petróleo y minerales de Birmania, sus vínculos con China y el alto nivel de educación de su población hacen que sea cada vez más un objetivo de la especulación y los ataques políticos occidentales. A pesar de la guerra civil, las sanciones occidentales y los movimientos separatistas, ha conseguido construir 10 universidades, varias docenas de presas, aumentar los niveles de alfabetización en un 80% y conseguir que los agricultores sean propietarios de sus tierras desde 1999. Si el lector ha reconocido en ello un determinado modelo económico, sin duda tiene razón.

El trabajo de Goodson no está exento de defectos. Sin embargo, sus errores son menores. Afirma que Gavrilo Princip era judío y que su asesinato del archiduque Fernando provocó la Primera Guerra Mundial. No se sospechaba que Princip fuera judío, sobre todo porque procedía de las profundidades de Bosnia occidental, de la pobre aldea campesina de Obljaj, un lugar totalmente rural e inaccesible. Era hijo de campesinos pobres de origen serbio-bosnio. El nombre de soltera de su madre era el muy ortodoxo Misic. Ni su padre ni su madre tenían nombres judíos, y el modesto trabajo de su padre en el servicio postal no revela realmente su pertenencia a un entorno "bancario elitista". Princip formaba parte del movimiento "Joven Bosnia", vagamente relacionado con la sociedad militar "Mano Negra", también conocida como "Unión o Muerte". Se trataba de una organización nacionalista con miembros paramilitares, que no tenía ninguna relación con los pocos judíos que vivían en Serbia en aquella época. Su familia se apellidaba Jovicevic, de Montenegro, donde había muy pocos judíos.

El asesinato de Fernando no causó la Primera Guerra Mundial. Serbia había accedido a las demandas de Viena tras el asesinato, y Alemania también estaba impresionada por el deseo de Serbia de mantener la paz. Serbia estaba completamente agotada por las guerras de los Balcanes y no quería seguir luchando. Además, la elección del objetivo no tenía sentido; Fernando era más o menos popular entre los eslavos del sur, ya que era considerado el más pro-serbio de la familia real. Austria, por su parte, buscaba un *casus belli* desde la rebelión local contra su ocupación de Bosnia y la creación artificial del "estado de Albania", que sirvió para aislar a Serbia de su costa y mantenerla separada de Montenegro.

Las circunstancias de la visita del Gran Duque fueron extrañas. Ferdinand visitó Serbia y Bosnia en la festividad del banco serbio, *Vidovdan,* cuando el ambiente nacionalista estaba en su punto más alto. También fue el comienzo de unas maniobras militares muy belicosas. Fernando no contaba con las medidas de seguridad propias de una visita real a territorio hostil. La ruta del convoy de Fernando fue inexplicablemente desviada por su propio personal austriaco, donde Princip y otros esperaban. Sin embargo, para desgracia de Alemania, incluso antes de recibir la respuesta serbia al ultimátum austriaco, Viena ya había declarado la guerra.

Estos dos errores tienen poca repercusión, pero son comunes y comprensibles y había que destacarlos. Esto no quita la inmensa accesibilidad y utilidad de su libro, que merece una amplia difusión. Por todas estas razones, apoyo de todo corazón el trabajo del Sr. Goodson.

Matthew Johnson PhD
Fayetteville, Pensilvania

Opinión de Tom Sunic

En la conciencia popular europea, el dinero siempre se ha asociado a algo sucio, a algo criminal, a algo no digno del hombre europeo, a algo que sólo apreciaba una tribu extranjera, lejana y secreta. Desde la antigüedad hasta los tiempos posmodernos, se han escrito toneladas de libros sobre la maldición de la plata y el oro maldito. Hay que recordar al rey Creso, o la maldición del rey Midas, o pensar en la matanza generalizada de la saga medieval de los nibelungos, cuya historia gira en torno al oro oculto del Rin y al sufrimiento que provoca este oro.

Como nos recuerda Goodson en su libro, la obsesión por el dinero virtual y la práctica de la usura, así como el papel del oro, no han perdido nada de su sabor mortal en la actualidad. De hecho, muchas de las transacciones financieras modernas y las prácticas económicas globales fraudulentas, impulsadas por este ansia de oro, se han vuelto aún más mortíferas, amenazando esta vez no sólo la supervivencia de la civilización occidental, sino la de toda la humanidad.

En primer lugar, hay que dejar claro que Goodson no es un seguidor de las teorías de la conspiración, ni uno de esos intelectuales que atacan a los judíos y cuya prosa a menudo inflige más daño que iluminación real al lector que desea aprender sobre la naturaleza ficticia del dinero y sus creadores mucho menos ficticios. Por todo ello, Goodson puede señalar sus indiscutibles credenciales en el tema analizado en este libro. Era miembro del Consejo de Administración del Banco de la Reserva de Sudáfrica (SARB), con una larga experiencia en el sector bancario, o por decirlo de forma menos prudente, era un observador privilegiado de las transacciones financieras entre iniciados. ¿Cómo es posible que en nuestro supuesto nuevo y valiente mundo democrático, un mundo que se enorgullece de la transparencia y la libertad judicial, la mayoría de los ciudadanos no tengan ni idea de quiénes son los accionistas de los principales bancos centrales, como la Reserva Federal en Estados Unidos y muchos otros en todo el mundo? Goodson demuestra con hechos cómo la Reserva Federal de Estados Unidos no tiene nada que ver con el Estado ni con el sentido de la democracia en Estados Unidos, sino que en realidad está totalmente al servicio de una corporación anónima, un sindicato del crimen de financieros todopoderosos. Ciertamente, no es una coincidencia que desde que estalló la llamada burbuja inmobiliaria en Estados Unidos en 2008, ni una sola de las principales instituciones bancarias, ya sea Goldman Sachs o J. P. Morgan, haya tenido que rendir cuentas por imprimir dinero falso o conceder préstamos surrealistas. Se podría decir que todos se lavaron las manos.

El libro de Goodson desprende un notable conocimiento de las circunstancias políticas y sociales de la antigua Roma, la Inglaterra de Cromwell o la Alemania de Weimar. Por lo tanto, este libro no puede descartarse simplemente como una vulgar basura antisemita. Es precisamente el tono desapasionado de Goodson, que recorre el marco de los diferentes periodos históricos, lo que hace de este libro no sólo una obra erudita, sino también una lectura refrescante para un novato que desee saber más sobre la mística monetaria.

La usura parece haber estado siempre en el centro de las convulsiones sociales y las guerras. La antigua Roma sufrió las consecuencias muchas veces, lo que finalmente condujo a su caída. Goodson retrata las reformas económicas y sociales del estadista César, su establecimiento del primer sistema de bienestar social, la abolición de las rentas para muchos ciudadanos romanos con dificultades y, finalmente, la prohibición de cobrar intereses por un préstamo existente. El Imperio Romano floreció brevemente. Sin embargo, muchos aristócratas no pudieron tolerar la magnanimidad de César hacia los pobres y decidieron matarlo. Los usureros, en su mayoría extranjeros de origen judío, junto con sus serviles lacayos gentiles, parecen haber sido el conducto de esta corrupción y decadencia de la civilización occidental.

Un patrón similar de crecimiento y declive económico puede verse en la redacción y adopción de la famosa Carta Magna en la Inglaterra medieval, cuyo propósito principal era restringir a los primeros prestamistas judíos y abolir la usura. De hecho, varias décadas más tarde, en 1290, la implementación fue seguida por la expulsión de los judíos de Inglaterra. Un lector atento podría preguntarse por qué tantos autores clásicos, así como muchos ciudadanos analfabetos de a pie, han culpado a los judíos de todos los males sociales y económicos a lo largo de los tiempos y por qué los judíos han sido tan a menudo víctimas de una salvaje persecución. Lejos de incurrir en un discurso de odio o en la difamación de los judíos, el autor documenta con precisión el desproporcionado porcentaje de judíos que se dedican al préstamo de dinero, un detalle que ha contribuido históricamente a su trágico destino.

El autor no oculta el poder de las nuevas corrientes teológicas y políticas, en particular la aparición del calvinismo y el nacimiento de una nueva mentalidad durante los siglos XVI y XVII en Europa, así como los creadores de opinión y los políticos estadounidenses. Las enseñanzas de Calvino sobre la predestinación y el importante papel social que atribuía a los comerciantes tuvieron un enorme impacto en la vida política de Europa y de la recién descubierta América. El comerciante y el usurero, en cierto modo, se convirtieron en los nuevos modelos de la política y las finanzas, personas cuyo comportamiento debía ser imitado y utilizado como superego por los gentiles. Esta imitación de los judíos por parte de los gentiles, a través del calvinismo y el puritanismo originales, se extendió rápidamente, primero dentro de la América capitalista y más tarde, sobre todo después de la Segunda Guerra Mundial, a la Europa continental. Goodson muestra cómo el fanático revolucionario calvinista inglés, Olivier Cromwell, se consideraba a sí mismo el "elegido", y no un vulgar goyish Shabat. Poco después de la decapitación del rey Carlos I, Cromwell volvió a abrir las puertas de Inglaterra para acoger a los judíos.

El autor también parece arrojar una luz interesante sobre el nivel de vida de la gente corriente en la Inglaterra medieval, un país cuya calidad de vida en muchos aspectos era muy superior a la de nuestras sociedades modernas. En los siglos XIV y XV, los plebeyos trabajaban menos de 14 semanas al año. Si juzgamos la calidad de vida y la felicidad por el número de enchufes y la cifra de nuestra cuenta bancaria, nunca podremos entender el verdadero significado de la felicidad. Sin embargo, en muchos casos, la llamada Edad Oscura de Inglaterra y de la Europa continental parece mucho más brillante que nuestra propia Edad Oscura actual. Gran parte de la arquitectura de aquella época era una expresión directa de la alegría popular, donde la búsqueda de la trascendencia espiritual era mucho más demandada que la dicha efímera del sistema moderno en el que la acumulación de dinero se ha convertido en una nueva religión secular.

Entonces llegaron las malas noticias. En 1694 se creó el

Banco de Inglaterra, modelo a partir del cual se crearon todos los demás bancos centrales de Europa y posteriormente de Estados Unidos. Poco después comenzó lo que los historiadores modernos llaman "modernidad", que en realidad significa la esclavización de las personas. Los financieros ingleses estaban resentidos porque las primeras colonias americanas emitían su propio dinero y mostraban hostilidad hacia el Banco de Inglaterra. El intento de Inglaterra de abolir la moneda americana fue también una de las principales causas de la Revolución Americana. En gran medida, la prosperidad experimentada por Estados Unidos en el siglo XIX se debió precisamente a la ausencia de un banco central. No debemos olvidar nunca, como nos recuerda el autor, que la campaña presidencial de Andrew Jackson se llevó a cabo bajo el lema: "¡Vota a ANDREW JACKSON, NO A LA BANCA! El año ominoso para los Estados Unidos, así como para el mundo, fue la creación del Banco de la Reserva Federal en 1913, que indirectamente precipitó al mundo occidental en las dos guerras mundiales que siguieron, y luego en un centenar de otras guerras locales en todo el mundo.

La situación no es mejor para los ciudadanos estadounidenses. Aunque desde 1919 se han convertido en los envidiados ciudadanos de una superpotencia mundial, en 2014 la deuda pública había pasado de 2,6 billones de dólares a 17,5 billones. Nadie quiere dejar constancia, pero la mayoría de los estadounidenses y de los ciudadanos occidentales no viven una vida a crédito, sino que luchan y vegetan, pagando su propia desaparición en cuotas mensuales. El momento del gran colapso y el fin de la raza blanca está indudablemente cerca.

El autor describe monedas fiduciarias similares y diferentes formas de prácticas bancarias en vigor en otras partes de Europa, así como la aparición de la Rusia bolchevique, financiada en gran medida por banqueros judíos de Nueva York. El mérito de este libro es que no considera el entorno bancario desde una perspectiva meramente maniquea, sino que busca siempre los matices entre ambos. Es digno de elogio que Goodson mencione también al economista alemán Gottfried Feder, que fue uno de los críticos más abiertos de la usura y el interés compuesto en la Alemania de Weimar. El problema con "Feder" es que este renombrado economista estuvo durante un tiempo afiliado al nacionalsocialismo, lo que puede hacer que incluso los lectores más desapasionados del libro de Goodson se encogieran y fruncieran el ceño. ¿Cómo puede uno hoy, en nuestro entorno políticamente correcto de censura académica, extraer algo positivo de un erudito nacionalsocialista? Dado que el nacionalsocialismo se presenta ahora oficialmente como el símbolo del mal absoluto, nunca debe contener nada que pueda aceptarse como relativamente bueno, ni siquiera en ámbitos apolíticos como el deporte, la ecología o, menos aún, la economía. Feder realizó su investigación a partir del estudio de las reparaciones de guerra impuestas a la Alemania de Weimar por el bando vencedor en la Primera Guerra Mundial. Llegó a la conclusión de que el pago del interés compuesto empobrecería a los ciudadanos y provocaría un desempleo masivo. Las enseñanzas de Feder se aplican perfectamente a la época actual, especialmente si se quiere pensar en posibles remedios para resolver el problema de las enormes deudas soberanas de todos los países occidentales.

En una nota algo menos pesimista, el autor menciona el

increíble éxito del estado norteamericano de Dakota del Norte, cuya banca le ha permitido convertirse en el estado más dinámico y con la menor tasa de desempleo de Estados Unidos. Queda por ver cómo Dakota del Norte capeará el temporal que se avecina. Mientras la academia oficial y los medios de comunicación eviten mencionar la raíz del problema del caos financiero que se avecina, los Estados Unidos, junto con sus satélites europeos, sólo saltarán de un desastre a otro.

Dr. Tomislav Sunic
Zagreb, Croacia

BIBLIOGRAFÍA[316]

D.J. Amos, *The Story of the Commonwealth Bank*, Veritas Publishing Company Pty Ltd, Bullsbrook, Australia Occidental, 1986.

A.N. Andreadēs, *History of the Bank of England*, P.S. King & Son Ltd, Londres, 1935.

H.C. Armstrong, *Grey Steel J.C. Smuts A Study in Arrogance*, Arthur Barkers Ltd, Londres, 1937.

D. Astle, *The Babylonian Woe*, Omnia Veritas Ltd, 2015.

D. Astle, *The Tallies, A Tangled Tale y The Beginning and the Ending*, edición privada, Toronto, 1997.

P.T. Bauer, *Equality, and the Third World, and Economic Delusion*, Harvard University Press, Cambridge, Massachusetts, 1981.

I. Benson, *The Zionist Factor*, The Noontide Press, Costa Mesa, California, 1992.

K. Bolton, *The Banking Swindle - Money Creation and the State*, Black House Publishing Ltd, Londres, 2013.

W.D. Bowman, *The Story of the Bank of England*, Herbert Jenkins Ltd, Londres, 1937.

E. H. Brown, *Web of Debt, The Shocking Truth About Our Money System and How We Can Break Free*, Third Millennium Press, Baton Rouge, Louisiana, 2008.

G. Buchanan, *My Mission to Russia and other Diplomatic Memories*, Cassell and Company Limited, Londres, 1923.

---

[316] Nota del editor: La mayoría de las referencias citadas aquí están en inglés excepto cuando hay una traducción al español.

H.S. Chamberlain, *The Foundations of the Nineteenth Century*, The Bodley Head, Londres 1912, Vol. II.

K. Chazan *The Jews of Medieval Western Christendom 1000-1500*, Cambridge University, Nueva York, 2008.

A. Cherep-Spiridovich, *El gobierno mundial secreto o "La mano oculta"*, The Ant-Bolshevist Publishing Association, Nueva York, 1926.

O.P. Chitwood, *John Tyler Champion of the Old South*, Russell & Russell, 1964.

W.S. Churchill, *Step By Step, 1936-1939*, Odhams Press, Londres.

W.S. Churchill, *The Second World War, The Gathering Storm, Vol. I*, Cassell & Co. Ltd, Londres, 1948.

G.M. Coogan, *Creadores de dinero, ¿Quién crea el dinero? ¿Quién debería crearlo?* Omni Publications, Hawthorne, California, 1963.

I.M. Cumpston, *Lord Bruce of Melbourne*, Longman Cheshire, Melbourne, 1989.

W. Cunningham, *The Growth of English Industry and Commerce during the Early and Middle Ages*, Cambridge University Press, 3ª edición, 1896.

L. Degrelle, *Hitler né à Versailles*, Vol. I de Siècle d'Hitler, Art Et Histoire De L'Europe (1987).

A.J de Grund, *Fascist Italy and Nazi Germany: The 'Fascist Style of Rule'*, Routledge, Londres, 2004.

F. W. de Klerk, *Die laaste trek - 'n nuwe begin Die Outobiografie*, Human & Rousseau, Ciudad del Cabo, 1998.

A. Del Mar, *The History of Money in America From the Earliest Times to the Establishment of the Constitution*, Omni Publications, Hawthorne, California, 1936.

A. Del Mar, *Money and Civilization: Or a History of the Monetary Laws and Systems of Various States Since the Dark*

Ages and Their Influence upon Civilization, Omni Publications, Hawthorne, California, 1975.

E. de Maré, *A Matter of Life or Debt*, Humane World Community, Inc, Onalaska, Washington, 1991.

R.E. Elletson, *Monetary Parapometrics: A Case Study of the Third Reich*, Christian International Publications, Wilson, Wyoming, 1982.

S. Fay, *Portrait of an Old Lady*, Penguin, Londres, 1987.

G. Feder, *The Program of the NSDAP, The National Socialist German Workers' Party and its General Conceptions*, traducido por E.T.S. Dugdale, Fritz Eher Verlag, Munich, 1932.

N. Ferguson, *The House of Rothschild, Money's Prophets 1798-1848*, Vol. 1 y Vol. 2, Penguin Books, Londres, 1999.

G. Ferrero, *Greatness and Decline of the Roman Empire*, Vol. VI, William Heinemann Ltd, Londres, 1908.

A.N. Field, *The Truth About The Slump - What The News Never Tells (La verdad sobre la crisis: lo que las noticias nunca dicen)*, publicación privada, Nelson, Nueva Zelanda, 1935.

A.N. Field, *All These Things*, Omni Publications, Hawthorne, California, 1936.

N.G. Finkelstein, *La industria del Holocausto: reflexiones sobre la explotación del sufrimiento judío*, La Fabrique 2001.

I.N. Fisher, *Stamp Scrip*, Adelphi Publishers, Nueva York, 1933.

J.K. Galbraith, *The Age of Uncertainty*, Houghton Mifflin, Boston, 1977.

T.H. Goddard, *History of Banking Institutions of Europe and the United States*, H.C. Sleight, Nueva York, 1831.

R. Gollam, *The Commonwealth Bank of Australia: Origins and Early History*, Australian National University Press,

Canberra, 1968.

O. y J. Grubiak, *The Guernsey Experiment*, Distributionist Books, Londres, 1992.

A. Hitler, *mi combate-Mein Kampf*, Omnia Veritas Ltd.

Hitler's Table Talk, compilado por M. Bormann, Publicaciones Ostera, 2012.

Hoek Verslag van Prof. Piet Hoek aan Dr H.F. Verwoerd, 1965.

D.L. Hoggan, *The Forced War: When Peaceful Revision Failed*, Institute for Historical Review, Costa Mesa, California, 1989.

E. Holloway, *How Guernsey Beat The Bankers*, Economic Reform Club & Institute, Londres, 1958.

R.K. Hoskins, *War Cycles - Peace Cycles*, The Virginian Publishing Company, Lynchburg, Virginia, 1985.

Inconvenient History, Volume V, 2013, HBB Press, San Ysidro, California, 2013.

F.J. Irsigler, *On The Seventh Day They Created Inflation*, Wynberg, Cape, South Africa, 1980.

D. Irving, *Churchill's War, The Struggle for Power*, Veritas Publishing Company Pty Ltd, Bullsbrook, Western Australia, 1987.

D. Irving, *The War Path: Hitler's Germany 1933-1939*, Macmillan, Londres, 1978.

D. Irving, *Nuremberg The Last Battle*, Focal Point Publishers, Londres, 1996.

Money and Banking in Japan, Departamento de Investigación Económica del Banco de Japón, traducido por S. Nishimura, editado por L.S. Presnell, Macmillan, Londres, 1973.

E.M. Josephson, *The "Federal" Reserve Conspiracy & Rockefellers*, Chedney Press, Nueva York, 1968.

H.S. Kenan, *The Federal Reserve Bank*, The Noontide Press, Los Ángeles, 1968.

A. Kitson, *A Fraudulent Standard*, Omni Publications, Hawthorne, California, 1972.

G. Knupffer, *The Struggle for World Power, Revolution and Counter-Revolution*, The Plain-Speaker Publishing Company, Londres, 1971.

J.M. Landowsky, *Sinfonía roja*, traducido por G. Knupffer.

The Red Symphony, Omnia Veritas Ltd, 2015. www. omnia-veritas.com

The Letters of T.E. Lawrence editado por D. Garnett, Jonathan Cape, Londres, 1938.

C.A. Lindbergh, *The Economic Pinch (Lindbergh on the Federal Reserve)*, The Noontide Press, Costa Mesa, California, 1989.

F. Leuchter, *The Leuchter Report: The end of a myth, An engineering report on the alleged gas chambers at Auschwitz Birkenau and Majdanek, Poland*, David Clark, 1988.

D. Marsh, *The Bundesbank: The Bank That Rules Europe*, William Heinemann Ltd, Londres, 1992.

Collective Speeches of Congressman Louis T. McFadden', Omni Publications, Hawthorne, California, 1970.

S. McIntyre, *A Concise History of Australia*, Cambridge University Press, Melbourne, 2009.

N. Mühlen, *Hitler's Magician: Schacht The Life and Loans of Dr Hjalmar Schacht*, trans., E.W. Dicks, George Routledge & Sons Ltd, Londres, 1938.

E. Mullins, Los *secretos de la Reserva Federal*, Omnia Veritas Limited, 2019.

C.S. & R.L. Norburn, *A New Monetary System Mankind's Greatest Step*, Omni Publications, Hawthorne, California, 1972.

J. Perkins, *Confesiones de un asesino financiero*, Alterre, 2005.

E.N. Peterson, *Hjalmar Schacht: a favor y en contra de Hitler: Un estudio económico político de Alemania, 1923-1945*, The Christopher Publishing House, Boston, 1954.

"Ezra Pound Speaking" Radio Speeches of World War II, editado por L.W. Doob, Greenwood Press, Westport, Connecticut, 1978.

P.J. Pretorius, *Volksverraad, Die Geskiedenis agter die Geskiedenis*, A History of Central Banking Libanon-Uitgewers, Mosselbaai, Western Cape, Sudáfrica, 1996.

Los *Protocolos de los Sabios de Sion*, Deterna, 2010.

Mouammar Al Kadhafi, *El libro verde*.

C. Quigley, *Tragedy and Hope A History of the World in Our Time*, The Macmillan Company, Nueva York, 1966.

A. H. M. Ramsay, *La guerra innominada - el poder judío contra las naciones*, Omnia Veritas Ltd. 2021.

R.V. Remini, *Andrew Jackson*, Twyne Publishers Inc, Nueva York, 1966.

J. Robison, *Proofs of a Conspiracy against all the Religions and Governments of Europe, carried on in the Secret Meetings of Free Masons, Illuminati, and Reading Societies, collected from Good Authorities*, Western Islands, Belmont, Massachusetts, 1967.

J.E.T Rogers, *The First Nine Years of the Bank of England*, Clarendon Press, Oxford, 1887.

A. Rosenberg, *The Myth of the Twentieth Century*, The Noontide Press, Torrance, California, 1982.

G. Rudolf, *Dissecting the Holocaust: The Growing Critique of "Truth" and "Memory"* (Holocaust Handbooks Series 1), Theses & Dissertations Press, 2ª edición revisada, 2003.

J. Ryan-Collins, T. Greenham, R. Werner, A. Jackson, *Where*

Does Money Come From, A Guide to the UK Monetary and Banking System, New Foundation, Londres, 2012.

R.S. Sayers, *The Bank of England 1891-1944*, Cambridge University Press, 1976.

R.E. Search, *Lincoln Money Martyred*, Omni Publications, Palmdale, California, 1989.

W.G. Simpson, *¿Qué camino sigue el hombre occidental?* Yeoman Press, Cooperstown, Nueva York, 1978.

F. Soddy, *Wealth, Virtual Wealth and Debt*, G. Allen & Unwin, Londres, 1933.

O. Spengler, *La decadencia de Occidente*, Gallimard, París, 1948.

H. Strakosch, *The South African Currency and Exchange Problem*, Johannesburgo, Central News Agency Limited, 1920.

J.G. Stuart, *The Money Bomb*, William Maclellan (Embryo) Limited, Glasgow, 1984.

A.C. Sutton, *La trilogía de Wall Street*, Omnia Veritas Limited, 2020.

I. Tarbell, *A Short Life of Napoleon*, S. S. McClure Limited, Nueva York, 1895.

A.J.P. Taylor, *The Origins of the Second World War*, Hamish Hamilton, Londres, 1961.

H.A. Thomas, *Stored Labor: A New Theory of Money*, 1991.

G.M. Trevelyan, *English Social History, A Survey of Six Centuries Chaucer to Queen Victoria*, Longmans Green and Co, Londres, 1948.

Verheimlichte Dokumente - Was den Deutschen verschwiegen wird, Fz-Verlag, Munich, 1993.

L. Villari, *Italian Foreign Policy under Mussolini*, Holborn Publishing Ltd, Londres, 1959.

M. Walsh, *Witness to History*, Historical Review Press, Uckfield, Sussex, 1996.

T.E. Watson, *Sketches from Roman History*, The Barnes Review, Washington, DC, 2011.

N.H. Webster, *The French Revolution*, The Noontide Press, Costa Mesa, California, 1982.

J. Weitz, *Hitler's Banker Hjalmar Horace Greely Schacht*, Little, Brown and Company, Londres, 1999.

R.G. Werner, *Princes of the Yen*, M.E. Sharpe, Nueva York, 2003.

R. McNair Wilson, *Monarchy or Money Power*, Eyre & Spottiswoode, Londres, 1934, Omnia Veritas Limited, 2016.

F.P. Yockey, *Imperium*, Avatar Publishing, 2008.

OTROS TÍTULOS

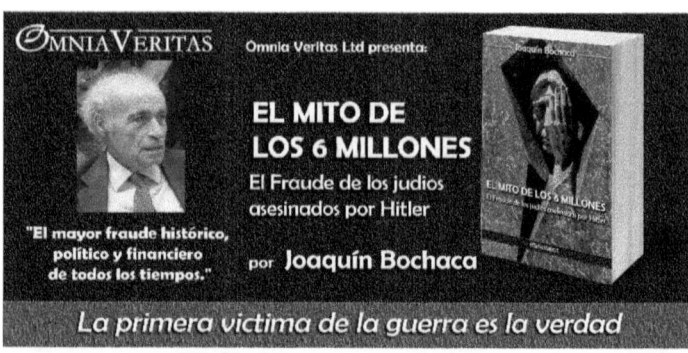